日汉存在型时体问题对比研究

——以"シテイル"为研究基盘——

吴 婷／著

社会科学文献出版社
SOCIAL SCIENCES ACADEMIC PRESS (CHINA)

自　序

　　"学問の生活に入るということは、たとえて言うと、修道院や僧院に入るような覚悟、俗世の価値観とは別の世界に入るぐらいの覚悟がないと、やっていけません。"

　　此句为本人入学前机缘巧合所见。书山有路，学海无涯，此句点明了于学问世界之中探索的艰辛。本人有幸，在一生中能有那么一段时间，得以尽情地在学问的世界里遨游，本书就是于那几年内探索而得的产物。

　　对于时体问题的研究由来已久。人生活于空间与时间之中，因此这两类概念在人的认知里占据十分独特的地位，这种独特反映到语言表达之中，使得空间表达与时间表达不管在哪种类型的语言中，都是十分重要的语言表达，时体表达便是其中之一。而由于空间概念与人的身体经验关系更为密切，语言表达会从具体的空间领域投射到抽象的时间领域之中。

　　本书主要从"存在型时体"这一研究视角，对日语与汉语的时体问题进行探索。该概念本来是日语语言学中的一个概念，由于日语存在动词"イル""アル"语法化后的形式"シテイル""シテアル"在日语时体表达中十分活跃，尤其是前者，在日语时体系统中占据了十分重要的位置，近年的研究中"存在型时体"这一概念被正式提出。"存在动词"语法化后的形式与时间表达相关这一现象，在多种语言之中都存在。因此笔者认为将这一概念导入到语言对比研究之中是有一定意义的，这也是本研究的起点。在本书之中，笔者还就持续性的内部属性（事态性与期间性）、进行体与反复体的关系、日汉存在动词的语法化差异等问题，提出了自己的一些拙见。不足之处，请诸位前辈、专家、同行批评指正，不吝赐教。

一路行来，感谢恩师益冈隆志老师、靳卫卫老师的谆谆教诲，感谢贾卉老师与戸毛敏美老师给予的爱与支持，感谢一路行来所遇的师长、养育我的父母、陪伴我的朋友，在诸位的教导、鼓励、爱护与支持下，我才有勇气与动力完成本研究。另外，还要感谢本书的编辑王玉霞老师和李淼老师，他们对本书的出版提供了极大的帮助。

吴　婷

2021 年 10 月 25 日　广东佛山

目 录

第一章
绪论

第一节　研究目的与背景

在世界上的众多国家和地区，分布着不同的民族，每个民族都有自己独特的语言。这些语言，根据类型学上的特点，基本可以归入四种类型：屈折语（inflectional language）、黏着语（agglutinating language）、孤立语（isolating language）、复综语（polysynthetic language）。屈折语表达语法关系的主要手段主要是词形变化。黏着语的语法功能主要是通过在词根前中后粘贴词缀来实现的。孤立语一般不通过词形变化，而是通过虚词和词序来表达语法功能。复综语的特点是将语法项与动词词干相结合，以句子而非词作为基本的语言单位。

日语属于黏着语，主要通过在词根后粘贴上助词或助动词等语法成分来实现各种语法功能。汉语属于孤立语，形态变化不多，虚词和语序是表达语法意义的主要手段。因此，日语和汉语在涉及动作／事件的时间表达上，存在着明显的差异。

笔者曾从事过国际中文教育工作，有一定的课堂教学经验。在国际中文教学课堂上，"在"和"着"使用上的差异、"了"的出现规则等内容，长期以来都是国际中文教育中的重点难点。这些问题，都跟动词的时体表达有关。

对于第二语言学习者来说，语法部分是学习并掌握目标语言（target language）过程中不可或缺的重要部分。如果能够充分地理解母语和目标语言的区别，对于学习目标语言而言会有极大的帮助。反之，如果不能掌握目标语言的语法规则及其适用范围，就容易发生各种各样的误用。

为了帮助日本汉语学习者解决在将汉语作为第二语言进行学习时涉及的时体问题，为了帮助教师找到合适的教育对策，开发对应的中文教材，我们必须对日语和汉语的时体问题进行深入的研究。

本书的重点，是将日语和汉语的存在型时体进行对比研究。研究的视角，主要是时体系统、时体标记的分布、与动词的组合、存在动词的语法化等。笔者希望能够通过本书明确日语和汉语于存在型时体上的对应关系与差异。而且，在汉语研究方面，考虑到普通话与方言的差别，笔者将选取汉语七大方言中的粤方言[①]与普通话一起进行考察。本书中议论的"汉语"，如非特别指出，指的是普通话与粤方言两者。

第二节　先行研究及课题

一　时体

一个事件的发生，离不开特定的时间和空间。对于语言如何表达动作/事件和时间之间的联系，即如何对动作/事件相关的时间进行描述，一直

---

① 本研究中所涉及的粤方言，指的是广府片粤方言。广府片粤方言，是以广州话为中心，广泛使用于广东省中部、西部、北部部分地区，广西壮族自治区东南部以及香港、澳门等地的汉语粤方言次方言。

是语法研究的一个重点。与某个动作／事件相关的时间，可以分为外部时间和内部时间。外部时间，主要研究的是其发生在过去抑或非过去（现在、未来），被称作"时态"（tense）。内部时间，主要研究的是一个动作／事件的内部展开与内部进程（例如，完成与非完成，开始、进行、终结，等等），被称作"时体"（aspect）。

时体，又称"体""时貌"，曾被称作"情貌""动相"，是对动作／事件内部时间的描述。英语"aspect"一词的由来，是来自拉丁语中的"aspectus"，该词语表示的是"看"（the act of seeing or looking at something）、"所见之物"（visibility）、"外在所见"（appearance）等意义。

对于时体的定义，有以下两个要点。

第一，时态、时体这两个用语，如同工藤真由美（1995：27–38）所指出的那样，有广义与狭义之分。广义的时态、时体，指的是句子层面上的功能、意义分类，是表达某一时间的相关内部时间与外部时间的各种表达手段的统称，其中包括形态学层面上的手段和词汇上的手段。狭义的时态、时体，指的是形态学意义上的分类，是一种形态学上的变化。此时，广义上句子层面表达功能意义分类的手段，称作"体貌"（aspectuality）与"时制"（temporality）。由于体貌和时制的表达手段十分丰富，本书采用狭义的定义。

第二，对于形态这一概念，对于其内涵，不同的学者有着不同的观点。最初使用"形态"这一概念的，是词形变化较多的屈折语。因此，当该概念被引入其他类型语言的意义研究中时，其内涵发生了一定的变化，得到了一定的拓展。

例如在日语研究中所提及的形态变化，一般不是屈折语意义上发生于词内部的单次词形变化，而是黏着语意义上的位于词根后的可复合叠加黏着词尾的变化。因此在缺乏词形变化的汉语研究中，对于"形态"这一概念，也有学者提出了不一样的观点。方光焘（1990：49）对于"形态"有以下的论述。

> 任何一种语言都有一定的形态，这一点是毫无疑问的。但是应该承认各种语言构成形态的手段并不相同，词形变化是一种语法手段，是形态，词序也是一种语法手段，也是形态……汉语无词形变化，就由词序来表现，词序是汉语的主要形态。
>
> 方光焘（1990：49）

方光焘（1990）所指的形态，其内涵是实现语法意义的手段。

日语和汉语是两种在语言特征上存在明显差异的语言。因此，为了能够顺利开展对比研究，笔者认为有必要如方光焘（1990）引文所指出的那样，首先承认"各种语言构成形态的手段并不相同"，再在这一前提下展开研究。

因此，在本书中，将使用"时体标记"这一说法。一个时体标记，是一个不能独立使用的、用于提示某个特定时体范畴的语法标记。

在以往的时体研究中，有着语法时貌（grammatical aspect）与词汇时貌（lexical aspect）两种不同的研究角度。这两种研究角度的对立，是对事件的外部把握（viewpoint）与对事件的内部观察（situation / shape）的对立。山田小枝（1984：10-22）对语法时貌的 Aspekt 与词汇时貌的 Aktionsart 之间概念分离的变化过程进行了介绍。语法时貌的研究一般探讨时体标记的语法规则，因此在不同语言的研究之间共通性较少。而词汇时貌的研究通常探讨动词所表现的动作 / 事件的产生、继续、消亡等时间意义，因此在不同语言的研究之间有着较多的共通性。英语动词和日语动词词汇时貌研究的先驱，分别是 Vendler（1957）与金田一春彦（1950）。动词是重要的实词，说它是语法研究的中驱部分也不为过，在各种语言中有着共同点与不同点，因此可以说是对比研究的重要内容。

1. 日语的时体研究

日语的时体研究，有着丰硕的研究成果，其研究趋势的变化，主要可以归纳为从"学校语法研究的阶段"向"时体系统研究的阶段"的演变。

学校语法，是指面向日本民众进行国语教育时使用的日语语法教学系统，现在在日本的中小学里，在教授日语语法的时候，依然在使用学校语法进行教学。日语的学校语法，主要以桥本语法（橋本進吉，1946，1948，1959）为代表，另有山田语法（山田孝雄，1908，1922）、松下语法（松下大三郎，1924）、时枝语法（時枝誠記，1954）等不同的学校语法分类。

学校语法的特点，是将"文"（句子）拆分成一个一个的小单位，句子以下，有"文節""語""詞""辞"。日语中的"文節"，是拆分句子时表意自然的最小单位，一般由独立成分和附属成分构成，也包含只有独立成分的特殊情况。日语中的"語"，指的是表示某一整体意义、以独立形式可以实现语法功能的语言的最小单位。"語"有两大分类，分别是"詞"和"辞"，前者可以单独构成"文節"，后者则需要与其他词搭配共同构成"文節"。

学校语法在分析"する"（做）这一动作/事件相关的时间表达时，即在对"スル""シタ""シテイル""シテイタ"等进行研究的时候，会对其内部做进一步的拆分。例如"スル"被认定为一个单词，可以独立表意；"シ/タ"则被认定为两个词，由"スル"和"タ"构成，前者表示动词意义，后者则为表达过去这一语法意义的部分。按照同样的方法，"シ/テ/イル"被认定为三个单词，分别表示动词意义、接续的テ形、时体意义（一般为进行体）。"シ/テ/イ/タ"被认为是四个词，分别表示动词意义、接续的テ形、时体意义（一般为进行体）、时态意义（过去）。从以上分析可以得知，学校语法的研究阶段，主要关注的是语言成分的内部构成，并没有过多地考虑到语言要素作为一个整体在语法功能表达上的作用。

从"学校语法研究的阶段"向"时体系统研究的阶段"迈出重要一步
的研究，是金田一春彦（1950）。金田一春彦（1950）提倡将"シテイル"
作为表达时体意义的基本单位来进行研究。根据动词与"シテイル"的连
用情况，金田一春彦（1950）将动词分为四类，分别是"状態動詞"（状
态动词）、"継続動詞"（继续动词）、"瞬間動詞"（瞬间动词）以及"第
四種の動詞"（第四类动词）。该研究将"シテイル"作为一个整体来进行
研究，是日语时体研究上的一个重要进步。在金田一春彦（1950）之后，
涌现出了鈴木重幸（1976a，1976b）、藤井正（1976）、高橋太郎（1975，
1976）、吉川武時（1976）等大量学者在时体研究方面的成果。

随着研究的推进，其他研究者指出了金田一春彦（1950）这一研究之
中存在的不足之处，即该研究的研究对象是一个单独的时体标记而非时体
系统。关于日语的时体系统研究，根据"スル—シテイル"之间的关系，主
要有奥田靖雄（1977）提出、工藤真由美（1995）加以完善的对立系统以
及寺村秀夫（1984）提出的延伸系统。

奥田靖雄（1977）确立了日语中的基本时体时态对立系统。奥田靖雄
（1977）认为"スル""シタ""シテイル""シテイタ"在日语中都能表达一定
的时体时态意义，四者在一起，共同构成了日语之中的基本时体时态对立
系统，具体如表1所示。

表1　日语的基本时体时态对立系统

テンス	アスペクト	
	完成相	継続相
非過去	スル	シテイル
過去	シタ	シテイタ

注：工藤真由美『アスペクト・テンス体系とテクスト—現代日本語の時間の表現—』，ひつじ
書房，1995：8；由工藤真由美（1995）根据奥田靖雄（1977）整理而成。

奥田靖雄（1977）根据日语的基本时体时态对立系统，进行了新的动词分类。

首先根据有无时体上的语法对立关系，将动词分成了两类："アスペクト対立のある動詞"（有时体对立的动词）、"アスペクト対立のない動詞"（无时体对立的动词）。有时体对立的动词，其"スル"形表达"未来"意义，可以表达"动作""变化"的含义，据此可以细分出"主体の動作を表す動詞"（表示主体动作的动词）与"主体の変化を表す動詞"（表示主体变化的动词）；无时体对立的动词，其"スル"形表示"现在"意义，可以表达"状态"的含义，根据与"シテイル"的连用可以细分为"シテイルの形のない動詞"（无シテイル形的动词）与"シテイルの形しかない動詞"（只有シテイル形的动词）。

奥田靖雄（1977）与金田一春彦（1950）的动词分类对应关系，如图1所示。

奥田（1977）の分類：

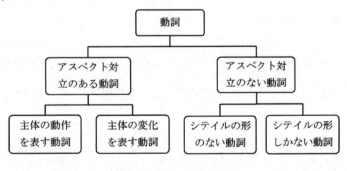

图 1　奥田靖雄（1977）与金田一春彦（1950）的动词分类

　　工藤真由美（1995）在奥田靖雄（1977）提出的基本时体时态对立系统这一研究的基础上，将"テクスト"（文本语境中的上下文关系）对时体表达的影响也加入研究的考察范围之内，提出了形式、意义、功能三位一体化的扩大化时体时态对立系统。

表2　工藤真由美（1995：43）的扩大化时体时态对立系统

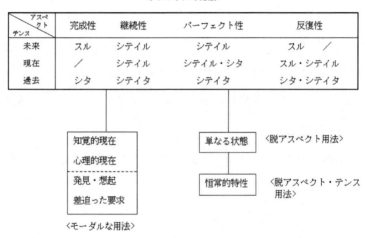

注：工藤真由美『アスペクト・テンス体系とテクスト—現代日本語の時間の表現—』，ひつじ書房，1995：43。

　　从图1、表2中，可以看出在奥田靖雄（1977）的基本时体时态对立系统与工藤真由美（1995）的扩大化时体时态对立系统中，"完成"（完成）与"継続"（进行、持续）的对立关系是系统内的优先考量关系。表现在形式上，即"スル"与"シテイル"的对立是优先的。两者的主要区别，是工藤真由美（1995）的扩大化时体时态对立系统，是在奥田靖雄（1977）的基本时体时态对立系统的基础上，除了考察"完成相"（完成体）、"継続相"（包含"動作継続"以及"結果継続"，即其研究对象涉及进行体

与结果体这两部分内容）这两个基本的时体范畴外，还考察了其他的衍生时体范畴。工藤真由美（1995：61-161），以"シテイル"这一时体标记为中心，依次考察了"継続相"、"パーフェクト相"（达成体）、"反復相"（反复体）等时体范畴以及超越时体意义之外的"単なる状態"（单纯状态）。

与"完成""継続"的对立关系优先有所不同，寺村秀夫（1984）的时体延伸系统，是将日语的时体形式，分为"一次的アスペクト"（一次时体）、"二次的アスペクト"（二次时体）、"三次的アスペクト"（三次时体）三个不同的层次。一次时体，是指有着明确语法形式的"スル""シタ"。二次时体，是指有着语法化固定形式的"シテイル""シテアル""シテシマウ""シテクル""シテイク"。三次时体，是指"シハジメル""シカケル""シアゲル"等在形式组合上更为灵活的、可以表达一定时体意义的语法形式。"スル"与"シタ"的对立，是"未然"与"已然"的对立；而"シテイル"与"シテイタ"的对立，就是这两者的延伸。

笔者认为，对于语言之间的对比研究而言，比起不同时体标记在形式上的层级差异，其在意义上的对立更为重要。因此，比起寺村秀夫（1984）的延伸系统，笔者更加支持奥田靖雄（1977）与工藤真由美（1995）的对立系统。

然而，现有的对立系统，是在日语基本时体时态对立系统的基础上考察时体时态多义性之后的扩大化系统，对于"パーフェクト性"（达成性）与"反復性"（反复性），围绕其时体范畴与时体意义存在一定争议。因此，在其使用条件上，笔者认为还可以进行进一步的研究与分析。

2. 汉语的时体研究

汉语普通话的时体研究，有着从研究动词与时间的关系到进行系统性研究的研究趋势。其中，如何应用屈折语的理论结合汉语的实际情况进行理论研究，是一直以来努力的目标，这样的探索到如今也依然在进行中。

早期的时体研究，如赵元任（1926，1981）、吕叔湘（1942）、王力（1943，1944）、高名凯（1948）等，主要都是从词语的层面研究普通话的动词与时间局面之间的关系。在这一个阶段，时体主要被称作"情貌""动相"等。

随后，汉语时体研究的理论性与系统性在逐渐增强。在 Vendler（1957）、Comrie（1976，1985）等英语时体研究成果的基础上，出现了大量的研究成果，如 Tai（1984），陈平（1988），石毓智（1992），龚千炎（1995），郭锐（1993，1997），金立鑫、于秀金（2015）等。

对汉语普通话时体问题进行完整系统研究的，是戴耀晶（1997）。戴耀晶（1997）将汉语普通话的时体，分为了完整体与非完整体，其中，完整体分为"现实体""经历体""短时体"，非完整体分为"持续体""起始体""继续体"。戴耀晶（1997）提出的普通话时体系统，具体如图 2 所示。

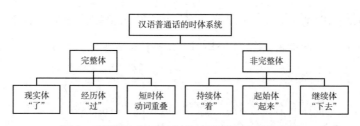

图 2　戴耀晶（1997）的汉语普通话时体系统

注：笔者根据戴耀晶《现代汉语时体系统研究》（浙江教育出版社，1997）整理而成。

戴耀晶（1997）之后，为了构筑汉语普通话的时体系统，其他学者也做出了努力。其中，陈前瑞（2003，2008，2017）提出了汉语普通话的四层级体貌系统：核心视点体、边缘视点体、阶段体、情状体（见表 3）。

表3　陈前瑞（2017：28）汉语普通话的四层级体貌系统

核心视点体	未完整体（内部视点体）			完整体（外部视点体）		
	词尾"着"			词尾"了"		
边缘视点体	进行体（内部视点体）			完成体（外部视点体）		
	"正、正在、在、呢"			句尾"了"，词尾"过""来着"等		
阶段体	起始体	延续体	完结体	结果体	短时体	反复体
	起来	下来、下去	补语性的"完、好、过"	补语性的"到、得、着"	动词重叠（说说）	复叠（说说笑笑）
情状体	状态情状		动作情状	结束情状		达成情状
	知道、是		跑、玩、唱歌	创造、建造		死、赢

注：陈前瑞《语法化与汉语时体研究》，学林出版社，2017：28。

陈前瑞（2003，2008，2017）的研究分析了大量的文学作品以及语料库数据，提出了四层级体貌系统这一新型的汉语普通话时体系统。然而，该系统在时体范畴的划分上，依然存在一些值得讨论的地方。例如动词的动量范畴与时体范畴是否有所混淆，另将前者作为一种时体现象来进行分析（如"短时体"）是否合理。动词的重叠形与复叠形，到底是表达动量意义还是时体意义，都值得进一步讨论与分析。

除了对汉语普通话时体系统进行的研究之外，对汉语普通话各时体范畴及时体标记进行的研究就更多了，如高桥弥守彦（1999，2004）、王学群（1999，2000，2001，2002，2003，2004，2005，2006，2010，2017）、张岩红（2005，2006）、山口直人（2006）、白爱仙（2015）等。

3. 日语与汉语的时体对比研究

日本是中国一衣带水的邻国，两国有着悠长的文化交流史。在漫长的时光中，中日两国除了在经济、文化方面，在语言方面也有大量的交流。在现代日语的文字、发音、词汇之中，依然留有大量古代汉语的痕迹；现代汉语中，也有来自日语的借用词。

因此，在语言研究方面，日语和汉语的对比研究十分丰富。时体问题是语法研究与动词研究的重要问题，因此日语和汉语的时体研究也有着大量的成果。其中，木村英樹（1982），于康、張勤（2000，2001a，2001b），井上優、生越直樹、木村英樹（2002），讚井唯允（2002），于康（2006）等，曾在屈折语研究成果的基础上，探讨日语和汉语的时体系统。張岩紅（2004，2007），藤田昌志（2007：31-36），彭飛（2007），王学群（2014），宋荣芬、王卓（2013），三宅登之（2010，2014）等，曾经考察过日语和汉语的时体标记在使用上的对应关系与翻译规律。

先行研究中的对比研究，详细地考察了日语与汉语普通话的时体系统与各个时体标记，取得了丰硕的研究成果。然而，当前的对比研究，主要集中在日语与汉语普通话上，随着时体研究的进一步开展，这种双语言的对比研究显示出了一定的局限性，因此笔者认为变更研究的视点，引入更多的汉语方言作为参照是有一定必要的。

二　存在型时体

什么是"存在型时体"？

要准确地理解"存在型时体"这一概念，首先就要了解存在动词与语法化是什么。

某人或某物存在于某处、面向某方向、位移至某处、穿过某通路等一系列表达，全部都与空间有关。空间体验是人类的基本身体体验之一，因而空间表达也就成了人类的基本表达之一。于是关于空间表达便产生了一系列探讨，诸如方位说、空间命题的衍生子命题、空间动词的语法化等。

方位说（localism）由 Lyons（1977）提出，其理论核心为相较于其他非空间表达而言，空间表达是最基本、最核心的表现。

> Spatial expressions are linguistically more basic, according to the localists, in that they serve as structural templates, as it were, for other expressions; and the reason why this should be so, it is plausibly suggested by psychologists, is that spatial organization is of central importance in human cognition.
>
> Lyons（1977：718）

于是在各语言中，从空间命题中衍生出了大量的子命题，其应用范围十分广泛。存在动词，是指示某人或某物存在于某空间的动词，是空间动词中的一类重要动词。卢涛（2000：88）在其研究中是这样对"存在动词"进行定义的。

> 存在動詞は、存在する主体とその主体が存在する空間との関係を示し、関係的プロセスを表す動詞である。
>
> 卢涛（2000：88）

在很多语言中，存在动词的用法都非常广泛，既可以作为实词表达"存在"这一意义，也可以作为语法标记或语法标记的一部分，表达抽象的语法意义。例如，就"妈妈在厨房做饭"这一场景，在日语、韩语、英语、汉语普通话、汉语粤方言中，以下例句可以成立。

（1）日语：

　　a：お母さんが台所にいる。

　　b：お母さんがご飯を作っている。

（2）韩语：

　　a：엄마가 부엌에 있어요.

　　b：엄마가 요리을 하고 있어요.

（3）英语：

　　a：Mom is in the kitchen.

　　b：Mom is cooking.

（4）汉语普通话：

　　a：妈妈在厨房。

　　b：妈妈在做饭。

（5）汉语粤方言：

　　a：阿妈喺厨房。

　　b：阿妈喺度煮饭。

在例（1）~（5）中,（1）a ~（5）a 中的"いる""있다""is""在""喺"表达的是实词意义，即它们是作为存在动词来使用的。而（1）b ~（5）b 中的"V+ ている""V+ 고 있다""is+V-ing""在 +V""喺度 +V"表达的是语法功能意义，即它们是作为时体标记或时体标记的一部分来使用的。

一个语言成分的意义，如果出现了从实词意义向功能意义的演化，那么该过程在传统的汉语语言学研究中被称为"实词虚化"，在现代语言学研究中被称为"语法化"（grammaticalization）。

存在动词向存在型时体标记的演变，是十分符合认知语言学所主张的

"具象的な概念領域から抽象的な概念領域への拡張"（山梨正明，2000：6）、"場所・空間の表現は、時間の概念へ拡張されていく"（山梨正明，2000：159）等认知规律的，即具象的空间领域表达会扩张进入抽象的时间领域表达之中。

当存在动词演变成为表达时体意义的时体标记，即为"存在型时体标记"。首次在日语研究中提出"存在型アスペクト"（存在型时体）这一概念的，是金水敏（2006）。金水敏（2006）对日语的存在表达进行了历时的分析与研究，对其自上古语始至现代语止的发展演变进行了十分细致的考察。在该研究的最后一章中，金水敏（2006）提出了"存在型アスペクト"这一概念。

日本語は、現在知られている限り、ほとんどの時代、ほとんどの方言において、動的な意味を表す動詞に存在動詞を付加することによってアスペクト形式を作り出している。これを一般的に、存在型アスペクト形式と呼んでおこう。

金水敏（2006：265）

在金水敏（2006）之前，工藤真由美（1995）虽然没有明确提出"存在型アスペクト"这一概念，但是在考察日语的时态时体系统时，已经对日语的存在型时体标记"シテイル""シテアル"进行了十分深入的分析。在工藤真由美（1995）的基础上，益冈隆志（2019）对日语存在型时体标记的形式与意义联结方式进行了考察，指出"シテイル""シテアル"作为存在型时体标记，在意义上可以分为构成意义和派生意义。构成意义，是其时体意义的核心意义，日语中主要为进行体意义和结果体意义；而派生意义，是从构成意义中衍生出来的意义，日语中主要为从进行体意义中衍生出来的反复体意义以及从结果体意义中衍生出来的达成体意义。

然而，在金水敏（2006）正式使用"存在型アスペクト"这一概念之前，事实上已经存在着大量以存在型时体以及存在型时体标记为对象的研究，例如以往日语研究中围绕"シテイル""シテアル"进行的研究，当然与存在动词"いる""ある"及其语法化后的形式有着密切的关联。

存在动词的语法化现象以及其语法化之后的形式与时体意义之间有着密切的关联这一现象，在很多的语言之中都是存在的。因此，将"存在型时体"这一概念导入其他语言之中，围绕"存在型时体"这一问题开展研究，是十分有意义的。日语与汉语的存在型时体标记的使用范围、特征、使用差异以及语法化进程等问题，都是值得深入研究的问题，也是本研究的研究重点。

然而，在进行进一步的分析之前，笔者认为，由于"存在型时体"这一概念是日本语言学者在对日语进行研究时，根据日语语言事实而提出的，因此在将这一概念引入日外语言对比研究之前，有必要再次对其定义进行阐释。

时体研究的是动作／事件的内部时间。存在型时体，是从时体标记的语法化溯源角度而非时体范畴角度，对时体标记进行的分类。当一种语言中存在着多个不同的时体标记时，根据对其进行语法化溯源后的结果，可以将这些时体标记分为存在型时体标记及非存在型时体标记。存在型时体标记，是由存在动词演变而来的、表达时体意义的语法标记。两者的关系如图3所示。

图 3　存在动词与存在型时体标记之间的关系

三　先行研究的研究课题

在目前关于日语和汉语时体问题的先行研究之中，笔者认为仍然存在着以下几点研究不充分的地方。

一、在目前的先行研究中，可以看出在日语之中，表达存在意义的动词"いる"及其语法化之后的形式"シテイル"，在日语的时体系统中处于非常重要的位置。根据表 1 及表 2，可以说存在型时体标记"シテイル"是日语时体系统的核心之一。因此，将日语的存在型时体问题作为考察与研究的重点，有着非常重要的意义。近年来，存在型时体研究也成为日语语法研究的一个热点。除了日语之外，如例句（1）～（5）所示，在韩语、英语、汉语中，也有着表达实词意义的存在动词向表达时体意义的时体标记变化的过程。因此，对于存在型时体标记的语法化进程的研究，也是十分重要的。

日语的存在动词"いる""ある"，汉语普通话的存在动词"在"，粤方言的存在动词"喺"，各自有着不同的语法化进程。通过日语和汉语的对比研究，从"存在型时体"这一角度来进行考察，能够明了语法化程度的差异，对于语法化问题进行深入的研究。

二、至今为止的日汉对比研究，主要集中在日语与汉语普通话的对比研究，日语与其他汉语方言之间的对比研究则不多。日语与汉语普通话之间的对比研究，是双语言对比研究。在只有两种语言进行对比研究的情况下，比较难以分清典型用法与非典型用法。如果是进行多语言（含方言）的对比研究的话，就能够更好地区别典型用法与非典型用法。因此，引入其他汉语方言的内容，对于日语及汉语的对比研究而言，是十分有益处的。

　　汉语普通话和方言，以及方言与方言之间，都存在着地域差。这样的地域差，对于收集、积累对比研究的素材而言，是极其有益的。众所周知，汉语普通话的基础方言是北方官话。而在中国的北方方言和南方方言之间，在语音、词汇、语法等各方面，都存在着十分显著的差异。

　　在研究中引入南方方言，以南方方言作为参考进行深入考察，无论是对于汉语普通话的研究还是对于日汉时体对比研究来说，都有着重要的价值。从与以往的日汉对比研究不一样的新的角度来进行考察，也许可以收获不一样的成果。因此，笔者认为在本研究中引入其他汉语方言的内容，对于研究而言会有所裨益。

　　笔者拥有汉语粤方言的相关背景，有一定的汉语粤方言的方言知识。汉语粤方言，是以广州话为基盘的汉语方言。当前在中国国内的使用地域，主要在中国广东省的中部及西南部，广西壮族自治区的东南部，以及香港、澳门等地。此外，在马来西亚、新加坡以及其他海外华人华侨聚居地，汉语粤方言也是被广泛使用的一种汉语方言。

　　在汉语粤方言中，有广府片、高阳片、吴化片等次方言。本研究中所考察的汉语粤方言，主要为广府片粤方言。广府片粤方言是以广州话为中心，广泛使用于广东省中部、西部、北部部分地区，广西壮族自治区东南部以及香港、澳门等地的粤方言次方言。

　　与汉语普通话的时体标记相比，广府片粤方言的时体标记数目更多，语法分布位置及规则也更加单纯，规律性更加突出。胡明扬（1996）、詹伯慧（2002，2015）、李如龙（2007）、张洪年（2007）、彭小川（2010）、邓思颖（2015）等，对广府片粤方言的时体问题进行了研究与探讨。以这些研究成果为基础，若能研究好广府片粤方言的时体问题，也能够对汉语普通话的时体研究及日汉时体问题对比，起到很好的参考作用。

第三节　本书的构成

本书主要由以下几个部分构成。

第一章，首先介绍本研究的研究目的和研究背景，并对先行研究的成果和发展进行总结。在提出研究课题之后，将对本书的结构进行介绍与说明。

第二章，在先行研究的基础上介绍本书的理论框架，即本书中所采用的时体系统及动词分类。然后，对本书所使用的研究方法、研究语料的收集方法及分类情况进行说明。

第三章至第六章，是本研究的中心部分。在分析语料的基础上，以"シテイル"为研究基盘，对各时体范畴的时体标记、分布位置、与动词的连用情况、使用特征等问题进行研究与分析，总结日语与汉语（普通话及粤方言）之间的差异。

主要可以分为两个部分。

第一部分（第三章、第四章），主要考察的时体范畴为进行体及由进行体派生而来的反复体。

第二部分（第五章、第六章），主要考察的时体范畴为结果体及由结果体派生而来的达成体。

以下对采用该研究顺序的原因进行简要的说明。

在工藤真由美（1995）这一研究的基础上，益冈隆志（2019）考察了日语存在型时体标记的形式与意义之间是如何进行联结的，并指出日语的

存在型时体标记"シテイル""シテアル"在意义上可以分成构成意义与派生意义，两者的具体关系如图4所示。

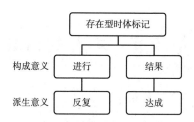

图4 日语存在型时体标记的形式与意义联结

注：笔者基于益冈隆志「日本語の存在型アスペクト形式とその意味」（岸本秀樹・影山太郎（編）『レキシコン研究の新たなアプローチ』，くろしお出版，2019）总结而成。

根据益冈隆志（2019），本书首先考察构成意义的进行体，然后考察其派生意义的反复体。随后考察构成意义的结果体，继而考察其派生意义的达成体。

第三章至第六章的重点内容如下。

第三章，根据所得语料，从时体标记及句法位置、与动词的组合情况等角度，对日语及汉语（普通话及粤方言）进行体之间的区别进行考察。从考察中可以得知，持续性可以内分为"事态性"和"期间性"。事态性是具体的、依存于场景的；而期间性是抽象的、不依存于场景的。当期间性的持续时间极长时，事件将接近于某种性质或状态。事态性与期间性，跟进行体标记之间密切相关。当一种语言中存在两个以上的进行体标记时，不同的进行体标记之间在"事态性"和"期间性"上会出现倾向上的偏差。日语、汉语普通话及粤方言之间，粤方言"V紧"的事态性最强，日语"シテイル"的期间性最强。

第四章，根据所得语料，从时体标记及句法位置、与动词的组合情况及与词汇手段的结合程度、反复体类型等角度，对日语及汉语（普通话及粤方言）反复体之间的区别进行考察。在时间轴上，随着持续性的增强，会出现"进行→反复→惯常→习惯→状态 / 性质"等几个阶段，其具体性逐渐降低，抽象性逐渐增强。动作的物理性（动作性）越强，反复体表达成立的可能性越大，反复体和进行体之间的区分越明显。反之，动作的物理性（动作性）越弱，反复体表达成立的可能性越小，反复体和进行体之间的区分越不明显。研究后发现反复体和进行体之间的关系如下。进行体是表达某个动作或进程正在进行中的典型时体范畴，反复体是进行体的延续，两者之间的分界并不是绝对明确的。事态进行体和事态反复体之间的接点，是有着同质动作一体化特征的主体动作非过程性动词；期间进行体和期间反复体之间的接点，是有着同质程度较高这一特征的心理动词。

第五章，根据所得语料，从时体标记及句法位置、与动词的组合情况等角度，对日语及汉语（普通话及粤方言）结果体之间的区别进行考察。与汉语结果体相比，日语结果体与动词的连用范围更加广泛。对于变化，日语的关注点主要在"变化后的状态"及"变化点"上，汉语则主要在"变化点"上。对于变化的观察视角，日语及汉语中存在"RC 型"和"C 型"两种观察视角，两者的区别在于是否关注 R 阶段。变化动词也因此可以分为"R 型动词"和"非 R 型动词"两种。

第六章，根据所得语料，从时体标记及句法位置、与动词的组合情况等角度，对日语及汉语（普通话及粤方言）达成体之间的区别进行了考察。在日语中，没有经历达成体和存续达成体的区别。日语属于"j 点达成"的"单界限点达成体"，而汉语属于"i 点达成"及"j 点达成"的"双界限点达成体"。

第七章考察日语及汉语存在动词的语法化问题。从与动词的关系、语法化路径、独立性等角度，对日语及汉语中的存在动词（日语"いる""ある",汉语普通话"在",粤方言"嘅")的语法化进行考察与对比,并指出不同语言的存在动词语法化存在着程度上的差异。另外,还对语法化进程的连续性进行了考察与说明。跟汉语普通话和粤方言的存在型时体标记相比,日语的存在型时体标记使用范围更广泛,与动词的关系更紧密。从语法化的路径来看,日语的"ある"经历了"存在动词→存在型时体标记"的语法化过程,"いる"经历了"动作动词(主体动作主体姿势变化动词)→存在动词→存在型时体标记"的语法化过程。汉语普通话的"在"经历了"存在动词→介词→存在型时体标记"的语法化过程,粤方言的"嘅"经历了"存在动词→介词→存在型时体标记"的语法化过程。日语、汉语普通话、粤方言的存在动词语法化之间,存在着"日语>汉语普通话>粤方言"的程度差异。

第八章,对本书在日语及汉语时体问题上所得的研究成果进行总结与归纳,并就"再论日语シテイル""汉语普通话与方言的时体问题研究""面向日本汉语学习者的汉语教学"等后续课题进行展望。

因此,本书主要以"シテイル"为研究基盘,按照考察各时体范畴、讨论日语及汉语中存在动词的语法化问题、总结与展望的顺序,围绕日语和汉语的存在型时体问题展开研究。

第二章
理论框架及研究方法

图 5 是一个典型的动作／事件的图示。

"———→"为时间轴，箭头表示时间的流向，用字母"Z"表示。在时间轴 Z 上，"i"点表示"动作／事件的起点"，"j"点表示"动作／事件的终点"。时间轴 Z"———→"上由"i"至"j"的部分，表示"动作／事件的全部阶段"。与性质／状态不一样，从图 5 中可以看出，动作／事件的内部是异质的，从"i"点到"j"点之间选取任意两点，都是不一样的。在时间轴 Z 上，"～i"（"i"之前的部分）是该动作／事件的准备阶段，"j～"（"j"之后的部分）是该动作／事件结束后的阶段。准备阶段和结束后的阶段（结果的持续与影响的残存），虽然是与动作／事件密切相关的部分，却不是动作／事件的一部分，因此，位于时间轴 Z 的下方。

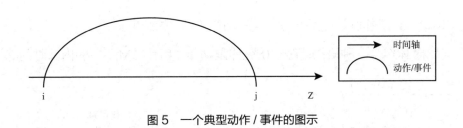

图 5　一个典型动作／事件的图示

　　李宇明（2002）中，曾经使用"$P_{i \to j}$"[1] 来表示"动作或现象"，并通过此种标记方式对反复体进行考察与分析。笔者认为这种使用符号和记号来进行表述的方法，除了可以应用在反复体的研究中，也可以运用在其他时体范畴的研究之中。在研究中使用这种方法进行标记，能够更加清晰、简洁、明确地显示出各种时体范畴的内在本质，对于时体研究的整体以及不同语言间的对比研究而言，都有着极大的益处。因此在本书中，笔者将参考李宇明（2002）研究，使用符号与字母对各个时体范畴进行标识，对日语、汉语（普通话及粤方言）的时体系统进行考察与分析。

　　本书中所采用的符号记号如表 4 所示。

表 4　本书中所使用的符号、字母说明

本书中所使用的符号					
←	在……之前	→	在……之后	⟷	在……之间
+	具有某种属性或性质	－	不具有某种属性或性质	*	错误
本书中所使用的字母					
C	变化	H	反复体	J	进行体
K	结果体	M	某一动作 / 事件	N	其他动作 / 事件
P	达成体	R	结果	Z	时间轴
c	变化点	e	某一影响或关联性的终点	h	任意时间点
i	起始时间点	j	终结时间点	n	任意数字
t	观察时间点	Max	某一属性或性质最强		

　　例如，"$M_{i \to j}$"表示自时间点 i 至时间点 j 发生的某一动作 / 事件，"$R_{j \to}$"表示时间点 j 之后残留的某一动作 / 事件的结果。

　　时体作为一种语法范畴，研究的是动作 / 事件"$M_{i \to j}$"的内部时间。

---

①　此处的"$P_{i \to j}$"是李宇明（2002）研究中用来指示某个"动作或现象"的，与本书中其他部分所使用的"P"（达成体 Perfective Aspect）有所不同，特注。

在观察时间点 t 有所差异时，观察所得的结果也会随之有所差异，即得到不同的时体范畴。在不同的语言之间，时体系统不是千篇一律的，不同的语言根据其对 $M_{i \to j}$ 观察的差异，有着不一样的时体系统和时体范畴，表达时体意义的语法手段也会有所差异，其中边缘部分，还可能出现与词汇手段相结合共同进行意义表达的情况。如果无视这样的现状，很难进行全面的对比研究。

因此，本书在进行不同语言间的存在型时体标记对比研究时，对于时体标记的认定，笔者主张从时体意义而非传统形态学角度出发，即不拘泥于传统形态学对时体标记的限制。

第一节　本书的理论框架：时体系统与动词分类

一　时体系统

吴婷（2018：373）在参考工藤真由美（1995：43）的日语扩大化时体时态对立系统、陈前瑞（2008：271）的汉语普通话四层级体貌系统、彭小川（2010：10）的"普通话与广州话体貌范畴比较表"的基础上，对日语、汉语普通话、汉语粤方言的时体系统进行了整合，并在其他研究者先行研究成果的基础上，对几处进行了一些修正与调整，总结出了日语及汉语的时体范畴及时体标记对照表。其中，"第一"是从时体系统的角度出发，对时体范畴进行了典型时体范畴与非典型时体范畴的划分；"第二"是跟日语时体范畴相关的内容；"第三"至"第五"是跟汉语普通话时体范畴相关的内容；"第六"是跟汉语粤方言时体范畴相关的内容。

第一，在先行研究的基础上，增加了"典型时体范畴"与"非典型时体范畴"的内容。为了更好地进行对比研究，本书引入了汉语粤方言的部分内容，进行的是多语言之间的对比研究。多语言的对比有助于更好地看出哪一种用法是典型用法，哪一种用法是特殊用法，从而更好地得出典型时体范畴及非典型时体范畴的范围。笔者认为，典型时体范畴，是存在于多数语言中的、较为典型的时体范畴，例如进行体、结果体等，在整个时体系统中处于中心位置。非典型时体范畴，是只存在于部分语言之中的时体范畴，如汉语中的经历达成体、英语中的完成进行体，在整个时体系统中处于边缘位置。值得注意的是，典型时体范畴与非典型时体范畴，是从语言对比研究的角度，而非围绕某一语言进行研究的角度提出的。

区分出典型时体范畴与非典型时体范畴，能够更好地把握不同语言中的时体范畴与时体标记以及它们之间的对应关系。典型时体范畴与非典型时体范畴之间没有明确的、绝对的界限。通过对当前的先行研究进行总结，可以看出其中交界的部分是达成体，因为达成体主要考察动作残存之后的某种影响（某种效力与关联性），在不同语言之间，对此有着不同的认识与语言表达。

第二，对于日语的达成体及达成体标记，工藤真由美（1995：43）主要是围绕"シテイル"这一形式为中心进行研究的。然而，在日语中，除了工藤真由美（1995）列出的形式之外，还有其他的形式可以进行达成体表达。因此，在"4 达成体"中，追加了"シテアル""シテアッタ"的内容。

第三，对于汉语普通话的反复体，李宇明（2002）、钱乃荣（2000）、陈前瑞（2008）等，曾经以动词重叠形"VV"为中心，对汉语普通话的反复体问题进行考察。随后，刘鸿勇、张庆文、顾阳（2013）进行了更为细致的研究，将"V 了又 V"及其变种作为反复体的典型形式进行考察与论证。在这些研究的基础上，笔者根据刘鸿勇、张庆文、顾阳（2013）的研究，在"11 反复体"中，追加了"V 了又 V"及其变体的内容。

第四，陈前瑞（2008：271）与彭小川（2010：10），将动词重叠形

"VV"作为"短时体"标记、将"VV（看）""V 一下"作为"尝试体"来进行研究。对于"短时体""尝试体"，其他的研究者，如李宇明（1998）、熊仲儒（2016）等，认为"VV""VV（看）""V 一下"，属于动量范畴问题而非时体范畴问题。笔者认同后者的意义，因此将"短时体""尝试体"等时体范畴的内容从时体系统中移除。同理，笔者将粤方言中动词重叠形"VV 下""V 下 V 下"从持续体范畴中移除，归于动量问题研究。

第五，彭小川（2010：10）将"来着"作为汉语普通话"近经历体"的时体标记进行研究。吕叔湘（1999：348）将"来着"解释为"用在句末，表示曾经发生过什么事情。用于口语"。而熊仲儒（2009）在分析了清代的文献后，对于"来着"的由来与变迁进行了考察，结论是"来着"一直以来都是作为语气助词使用的，并没有"准过去"的时间意义，并不能表示"准经历体"的时体意义。笔者认同熊仲儒（2009）的研究，因此将"来着"与准过去体的内容移除。

第六，彭小川（2010：10）将粤方言中的"V 实"认定为结果体标记，对此，笔者有不同的意见。粤方言中"V 实"的"实"，表达的是"密切合拢、不放松"的意思，笔者认为与其归入时体范畴进行时体研究，归为结果补语更加合适（见表 5）。

表 5　日语及汉语时体范畴与时体标记对照表

时体范畴			日语	汉语	
				普通话	粤方言
典型时体范畴	1	完成体	スル シタ		
	2	进行体	シテイル シテイタ[①]	在 +V V 着	V 紧 喺度 / 喺处 / 响度 / 响处[②]V

续表

时体范畴			日语	汉语	
				普通话	粤方言
典型时体范畴	3	结果体	シテイル シテイタ シテアル シテアッタ	V 着	V 住
	4	达成体	シタ シテイタ	V 了	V 咗 V 晒
非典型时体范畴	5	经历体	シテイル シテアル シテアッタ	V 过	V 过
	6	将行体		将要 / 将 / 要 V	就嚟 V
	7	起始体	シハジメル	V 起来 / 开	V 起上嚟 / 起身
	8	终结体	シオワル		
	9	继续体	シツヅケル	V 下去	V 落去
	10	回复体			V 翻
	11	反复体	スル シタ シテイル シテイタ	V 了又 V	
	12	惯常体			V 开₁
	13	始续体			V 开₂

注：①“シテイル”与“シテイタ”的对立，主要是时态意义上的对立而非时体意义上的对立。因此，本书主要以“シテイル”为主进行研究分析。同理，“シテアル”与“シテアッタ”也是如此。

②“喺度”“喺处”“响度”“响处”在表达实词意义时，是“在这里 / 在这儿”的意思。本书主要分析“喺度”。

二　动词分类

动词的意义与时间的表达有着极深的关联。亚里士多德在《命题论》中，曾经论述动词与时间的关系，指出动词与该动词反映的动作 / 事件的终结点有着密切的关联①。龚千炎（1995）在研究中曾经指出"动词的时间性是由动词的词汇意义决定的……动词谓语往往决定句子的时间特征……其他句子成分也对句子的时间特征具有相当的制约作用"。

从时体角度来对动词进行分类及探讨其分类标准的相关研究有很多，其中，影响力较大的有Vendler（1957）、Smith（1991）、金田一春彦（1950）、龚千炎（1995）、戴耀晶（1997）等。

Vendler（1957）提出将英语的动词分为动作动词（activity verb）、达成动词（accomplishment verb）、到达动词（achievement verb）和状态动词（stative verb）四类。Vendler（1957）的分类，不仅对于英语动词研究非常重要，对于其他语言的动词研究也起到了十分有意义的启发作用。

Smith（1991）在Vendler（1957，1967）分类的基础上，将瞬间动词（semelfactive verb）从动作动词中分离出来。瞬间动词，是指没有动作过程，与进行体标记连用时不表示进行而是表示反复意义的动词。Smith（1991：20）根据"状态性"（Static）、"过程性"（Durative）、"终结性"（Telic）的有无，将情状分成了五个类别，并在此基础上将动词分为五类（见图6）。

Temporal features of the situation types

Situations	Static	Durative	Telic
State	[+]	[+]	[−]
Activity	[−]	[+]	[−]
Accomplishment	[−]	[+]	[+]
Semelfactive	[−]	[−]	[−]
Achievement	[−]	[−]	[+]

图6　Smith（1991：20）的分类

注：Carlota S.Smith, *The Parameter of Aspect,* Norwell: Kluwer Academic Publishers, 1991, 20.

---

① 参见アリストテレス（古代ギリシア），中畑正志・早瀬篤・近藤智彦・髙橋英海（訳）『命題論』，『アリストテレス全集1　カテゴリー論；命題論』，岩波書店，2013：116-118。

在对日语动词的考察中，金田一春彦（1950）根据动词与"シテイル"的连用情况，将日语动词分为四类：状态动词、继续动词、瞬间动词和第四类动词。比起金田一春彦（1950）在动词分类时所使用的"继续""瞬间"的表述，奥田靖雄（1977）的分类"表示主体动作的动词""表示主体变化的动词""无シテイル形的动词""只有シテイル形的动词"中，"动作""变化"这样的用语能够更加明确、清晰地表示出动词的本质。工藤真由美（1995）在奥田靖雄（1977）的基础上，对日语动词的分类做了进一步的论述，将动词分为"动态动词""心理动词""静态动词"三个大类，具体分类标准如图7所示。

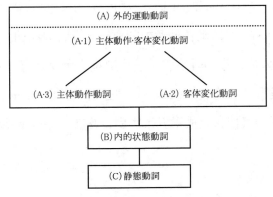

图 7　工藤真由美（1995：78）的动词分类

注：工藤真由美『アスペクト・テンス体系とテクスト—現代日本語の時間の表現—』，ひつじ書房，1995：78。

工藤真由美（1995：78）的动词分类标准与龚千炎（1995）、戴耀晶（1997）的动词分类标准有相似之处。因此，在以上先行研究的基础上，可以整合出一个统一的标准来进行对比研究。

吴婷（2018：375）参考了工藤真由美（1995：78）的日语动词分类标准与戴耀晶（1997：13）的汉语动词分类标准，将动词进行分类，分为表示物理动作的"动态动词"、表示心理活动或心理状态的"心理动词"、表示存在或状态的"静态动词"三大类。本书将使用该动词分类标准，对日语、汉语（普通话及粤方言）中的动词以及时体问题进行研究。

在动态动词、心理动词、静态动词这三大类之中，动态动词的动作性最强。动态动词中，根据［主体］/［客体］、［动作］/［变化］、［+过程性］/［−过程性］等区别特征，可以进行进一步的分类。对于主体动作客体变化动词的分类，笔者在工藤真由美（1995：73−74）的分类基础上进行了调整，由于"生産動詞"（生产动词）的动作性较强，因此笔者将该分类从主体动作客体变化动词中移除，归入主体动作动词。静态动词的动作性最弱，状态性最强，主要表示存在、状态、关系、属性等。心理动词介于动态动词与静态动词之间，同时拥有动作性与状态性，内部可以细分为思考活动动词、感情变化动词、感觉知觉动词、心理状态动词，从上到下，动作性逐渐减弱，状态性逐渐增加。具体情况如表6所示。

表6 本书所采用的动词分类表

动词分类			例子		
			日语	汉语	
				普通话	粤方言
动态动词	主体动作	①［−过程性］	蹴る、切る	踢、拍	踢、拍
		②［+过程性］	見る、食べる	唱、吃	唱、食
	主体变化	③［−过程性］	死ぬ、爆発する	死、爆炸	死、爆
		④［+过程性］	成長する、生長する	成长、升	成长、升
	⑤主体动作主体姿势变化		座る、立つ	坐、站	坐、企
	⑥主体动作主体变化（穿戴）		着る、被る	穿、戴	着、戴

续表

动词分类			例子		
			日语	汉语	
				普通话	粤方言
动态动词	⑦主体动作客体变化	移动变换	運ぶ、集める	运、收集	运、收集
		消除脱落	剥ぐ、抜く	剥、拔	剥、拔
		依附添加	貼る、置く	贴、放	黏、放
		所有关系变化	買う、貸す	买、借	买、借
		状态变化	壊す、直す	破坏、修正	破坏、修正
心理动词	⑧思考活动		考える	想、考虑	谂
	⑨感情变化		心配する、楽しむ	苦恼、后悔	后悔
	⑩感觉知觉		感じる、痛む	感觉	感觉
	⑪心理状态		分かる、信じる	知道、相信	知、信
⑫静态动词（表示存在、状态、关系、属性等）			ある、そびえる、存在する	是、姓、存在	係、姓、存在

接下来，对表6进行简单的说明。

第一，①和②属于主体动作动词，其中①的特征为［－过程性］，②的特征为［＋过程性］。①又称作"瞬间动词"，在日语中被称为"一次的動詞""一回的動詞"，对于这个分类是否存在，不同的专家学者之间存在着争论。陈平（1988）、陳薇（2009）、郭锐（1993）等，认为在汉语普通话中无须设立"瞬间动词"这一分类，而戴耀晶（1997）则认为这部分动词与"着"连用时，与其他动作动词有不一样的表达特征，因此主张另外设立不同的分类。对于动词而言，过程性是一项非常重要的属性，过程性的有无对于动词的时体表达而言有着巨大的影响。因此笔者认为，在主体动作动词中，有必要根据过程性的有无将主体动作动词分为①和②两类。两者的区别如图8所示。

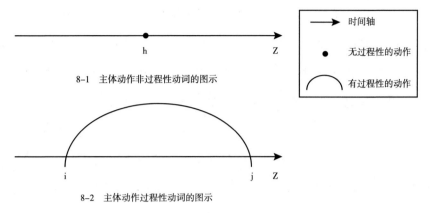

8-1　主体动作非过程性动词的图示

8-2　主体动作过程性动词的图示

图 8　两种主体动作动词的图示

第二，③和④是特征为［＋变化］的动词。仁田義雄（2009：261-262）分析了动作结束后有结果残留的动词，并将其分为两类，具体如下图 9 所示。

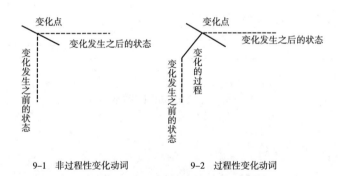

9-1　非过程性变化动词　　　9-2　过程性变化动词

图 9　两种主体变化动词的图示

注：图 9 由笔者根据仁田義雄（2009：262）翻译而得。仁田義雄『仁田義雄日本語文法著作選第 1 卷　日本語の文法カテゴリをめぐって』，ひつじ書房，2009：262。

第三，关于⑦主体动作客体变化动词，在日语与汉语中，此类动词的构成有着巨大的差异，具体说明如下。

主体动作客体变化动词，有着［＋動作］［＋变化］的属性，Vendler

（1957）将此类动词归类为达成动词。以 Vendler（1957）这一研究的出发点，Tai（1984）经过分析与论证后，得出了"汉语中没有达成动词"的结论，此后该观点被其他的研究者，如宫岛達夫（1994）、影山太郎（1996）等所引用。笔者认为，Tai（1984）所提及的"汉语中没有达成动词"这一观点，只在汉语单音节动词中成立，如果考虑到多音节动词的情况，这个结论是不充分的。汉语在表达［＋動作］［＋変化］时，经常使用"动词＋补充成分"这一结构，以结果补语（Verb-Resultative Compound Phrase）和动补结构复合词的形式出现。笔者认为，动补结构复合词，就是汉语中的主体动作客体变化动词，例如"破坏""修正"等。

第四，⑫静态动词，主要是表达存在、状态、关系、属性等的动词，其内部是同质的，具体图示如下。

图 10　静态动词的图示

第二节　研究方法

一　本书所采用的研究方法

本书主要通过收集语料库语料、网络语料、视频语料，然后对其进行整理、分类，在此基础上对语料进行考察与分析，进行对比研究。

二　本书所使用的研究语料

本书所使用的研究语料，具体介绍如下。

第一，第三章至第六章，为了进行对比研究，使用了大量日语、汉语普通话、汉语粤方言的例句。该部分的例句，主要来自语料库，少部分来自网络以及笔者自造句。

第三章至第六章所使用的语料库，主要来自汉日对译语料库（中日对訳コーパス）中的日语与汉语普通话的对译例句。汉日对译语料库，由北京日本学研究中心研发，本书所使用的版本，收录了小说、传记、政治评论、法律文书等汉日对译语料约 1596 万字。

在使用该语料库时，主要搜索关键词为"シテイル""シテアル""在""着""了""过"等时体标记，已在例句中以下划线标识。

网络例句，主要是搜索自新闻网站以及各大搜索引擎网站的例句。一部分日语例句、一部分汉语普通话例句及大部分粤方言例句，都是网络例句。其中，日语和汉语普通话的例句，主要来自新闻检索，包括 YAHOO! ニュース网[1]、百度资讯网[2]，此外还有部分来自其他搜索引擎网站，如百度网[3]、谷歌网[4]、YAHOO! 网[5]等。通过搜索引擎网站搜索而来的例句，在本书中只标注出其搜索引擎网站的名字，不另外注明具体来源网站信息。汉语粤方言例句，主要来自新闻网站香港文汇网[6]中的粤方言新闻，有少

---

[1]　YAHOO! ニュース网，即日本雅虎新闻网。网址：https://news.yahoo.co.jp/（20180324）。

[2]　百度资讯网网址：https://news.baidu.com/（20180324）。

[3]　百度网网址：https://baidu.com/（20180324）。

[4]　谷歌网网址：https://www.google.com/（20180324）。

[5]　YAHOO! 网，即日本雅虎网。网址：https://yahoo.co.jp/（20180324）。

[6]　香港文汇网网址：http://www.wenweipo.com/（20180324）。

部分来自搜索引擎谷歌网。在网络例句中，为了保护出现在其中的个人信息及公司信息，笔者对网络例句原文进行了删减、变更、缩略与修整。另外，对于部分过长的例句也进行了删改。

此外，为了更好地进行对比研究，有部分例句为笔者自造句。

第二，第七章主要围绕日汉存在动词语法化问题进行考察与分析。该部分中使用的例句，主要来自多个收集了不同时期历史语料的语料库，包括"古代汉语语料库""香港二十世纪中期粤语语料库""早期粤语标注语料库""早期粤语口语文献资料库"。

古代汉语语料库，由教育部语言文字应用研究所计算语言学研究室研发，该语料库中收录了自周至清各朝代的古籍资料，收录字数约 7000 万字。

香港二十世纪中期粤语语料库，由香港教育大学研发，收录了 20 世纪中期 21 部粤语电影的台词资料。

早期粤语标注语料库，由香港科技大学研发，收录了 19 世纪西洋学者使用早期粤方言编著的词典、教科书、天主教书籍译本等作品共 10 部，收录字数约 16 万字。

早期粤语口语文献资料库，由香港科技大学、香港中文大学、北京大学共同研发，收录了 19 世纪西洋学者为粤语教学而编著的口语词典及教材共 7 部。

在考察近代以来日语中"イ省略"现象的变化这一语法化相关情况时，笔者使用了来自近代小说与电影中的对话语料，其中小说语料主要来自汉日对译语料库，电影影视资料详见本书"语料来源 - 影像资料"。

本书中部分网络例句及语料库例句原文使用的是汉语繁体字，本书为使得格式统一，汉语例句的文字一律使用简体字。

本书中例句及例句译文的出处，详见例句后括号内说明。无括号说明者，即为笔者自造句或自译句。

第三章

日语及汉语的进行体

进行体（Progressive Aspect），表达的是某一动作或事件正在进行之中或正在其进程之中。一个典型的进行体的图示，如图 11 所示。对于某个动作或事件 $M_{i \to j}$ 而言，实线线条表示已发生的情状，虚线线条表示未发生的情状。假设在 $M_{i \to j}$ 中有一个时间点为 h，当观察时间点 t 设置为 t=h 时，在该时间点上，$M_{i \to j}$ 正在进行中／进程中。

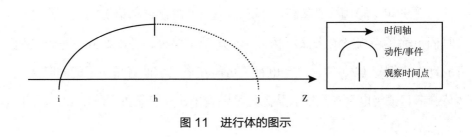

	时间轴
	动作/事件
	观察时间点

图 11　进行体的图示

第一节　进行体的分类：事态进行体与期间进行体

彭小川（2010）曾对"紧"的语法意义进行修正，指出其包含进行体的两个层面：事态进行与期间进行。在当前对于进行体的考察中，有不少学者如彭小川（2010）、工藤真由美（1995）等都注意到了进行体的这两个不同的层面，即表示"某一具体事件正在进行"的事态进行体以及"在某时期内，某一事件正处于进程之中"的期间进行体。

在事态进行体中，$M_{i \to j}$ 是连续的、不间断的一个动作／事件，一般而言在 i 与 j 之间不能插入其他的动作／事件。观察时间点 t 只位于 $M_{i \to j}$ 上。例如：

（6）ほかの連中は隣り同志で何だか私語き合っている。手持無沙汰なのは鉛筆の尻に着いている、護謨の頭でテーブルの上へしきりに何か書いている。

（汉日对译语料库《坊ちゃん》原文）

（7）棚の上のテレビが歌をうたっている。街の大売出しの騒音がそれと二重になる。

（汉日对译语料库《青春の蹉跌》原文）

在例句（6）中，"私語き合っている"（在窃窃私语）的人，在那个时间点除了与周围的人低声私语、小声说话之外，并没有同时进行其他的动作。例句（7）中，一台电视不可能在播放歌曲音乐节目的同时播放体育节目或者电视连续剧。从此处可以看出，在事态进行体中 $M_{i \to j}$ 是封闭的。

在期间进行体中，$M_{i \to j}$ 由于动作／事件 M 的进程较长，在时间轴 Z 上的跨度较大，i 与 j 之间一般有着较长的时间间隔，因此 i 与 j 之间可以插入其他的动作／事件。在这种情况下，观察时间点 t 不仅仅位于 $M_{i \to j}$ 上。例如：

（8）客人の話し声によると、小畠村でも松根掘りを<u>やっている</u>。

（汉日对译语料库《黒い雨》原文）

（9）彼はその困難な関門を、いまくぐり抜けようと必死に<u>努力して</u><u>いる</u>のだった。

（汉日对译语料库《青春の蹉跌》原文）

在例句（8）中，村子里的人去刨松树根，不仅仅是说话时间点上的事情，从句中可以推断，这种行为应该已经持续了一段时间了。另外，当前说话的时间点到底是什么时候，单看这个句子，可以是白天，也可以是黑夜。那么在观察时间点 t 上，村子里的人哪怕没有在刨松树根，而是在洗漱、做饭或进行其他的动作，这个句子依然是可以成立的。例句（9）中，主语的"他"为了自己的目标，不分昼夜地过去、现在乃至未来都在努力。然而，在观察时间点 t 上，"他"可能在吃饭，可能在喝茶，可能在休息，可能在一个人自言自语，在说出这句话的时候"他"正在进行其他的动作是完全可能的。

能否在起始时间点 i 与终结时间点 j 之间插入其他动作／事件，即 $M_{i \to j}$ 是封闭的抑或是开放的；若在观察时间点 t 上观察到的不是 $M_{i \to j}$ 时句子能否继续成立，是区分事态进行体与期间进行体的标志。

事态进行体的图示如图 12 所示。

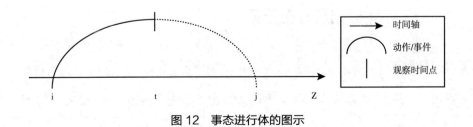

图 12　事态进行体的图示

由于事态进行体中 $M_{i \to j}$ 是封闭的，可以用以下方式来进行表达。

$$事态进行体：J_{i \longleftrightarrow j}$$
$$观察时间点 t：t_{i \longleftrightarrow j}$$

期间进行体的图示如图 13 所示。

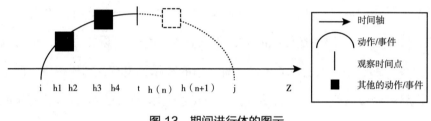

图 13　期间进行体的图示

由于在期间进行体中，$M_{i \to j}$ 是开放的，因此中间可以插入 $N_{h1 \to h2}$、$N_{h3 \to h4}$ ······$N_{h(n) \to h(n+1)}$ 等其他的动作 / 事件。所以期间进行体可以用以下方式进行表达。

$$期间进行体：J_{i \leftarrow (h1 \longleftrightarrow h2) \to (h3 \longleftrightarrow h4) \to \cdots \to [h(n) \longleftrightarrow h(n+1)] \to j}$$
$$观察时间点 t：t_{i \leftarrow \{+[h(n) \longleftrightarrow h(n+1)]\} \to j} \ / \ t_{i \leftarrow \{-[h(n) \longleftrightarrow h(n+1)]\} \to j}$$

第二节　日语及汉语的进行体

一　时体标记及分布位置

根据表 5 所示，日语的进行体标记为"シテイル"。日语作为一种黏着语，一般使用助词、助动词等附加成分来表达抽象的语法意义。"シテ

イル"的出现位置也是如此，一般黏着在动词词干之后，可以表达进行体意义。例如：

（10）格子縞になって入ってくる光りの中で、慈念は、<u>日課の観音経を写している</u>。

（汉日对译语料库《雁の寺》原文）

（11）野だが大人しくなったなと気が付いて、ふり向いて見ると、いつしか艫の方で<u>船頭と釣の話をしている</u>。

（汉日对译语料库《坊ちゃん》原文）

关于汉语普通话的进行体标记，本书中将"在+V"与"V着"认定为汉语普通话的进行体标记。"在+V"与"V着"出现在不同的句法位置上，既可以单独使用，也可以共同使用来表达进行体意义。

（12）我能猜出他们<u>在说什么</u>。

（汉日对译语料库《插队的故事》原文）

（13）他带着三个大点的孩子，在一盏阴暗的煤油灯下，<u>吃着晚饭</u>。

（汉日对译语料库《关于女人》原文）

（14）悼词<u>还在念着</u>。

（汉日对译语料库《盖棺》原文）

对于汉语普通话的进行体标记，现进行如下说明。时体标记，可以分为有标记形式（Marked）的显性时体标记以及没有标记形式（Unmarked）的隐性时体标记两种。由于日语是黏着语，因此其时体标记都是有着使用强制性的显性时体标记。本书主要探讨日语、汉语普通话与汉语粤方言的存在型时体问题，因此所讨论及分析的对象皆为显性时体标记。

第一，对于"在 +V"，当前的先行研究主要有两种意见，一种是将其认定为"时间副词"，这主要是根据其语法位置的分布而提出的；另一种是将其认定为"时体标记"。笔者同意后者的意见。从例句（1）~（5）中可以看出，存在动词抽象化、语法化后的形式，在多种不同类型的语言之中，都可以作为表达时体意义的形式或形式的一部分而存在，显示出了较大的研究价值。因此将"存在型时体"这个日语语言学的概念引入其他类型语言的语言研究中时，可以主要从意义表达的角度出发，将能够表达时体意义的语言标记或形式认定为时体标记。另外，虽然"在 +V"结构中"在"位于动词之前，"在"也能在句子中跟其他的时间副词共用。

（15）中央已经下定决心，并且已经在陆续解决这方面的问题。

（汉日对译语料库《邓小平文选》第二卷原文）

（16）姜静宜一直在嘤嘤地哭泣，把眼睛都哭肿了。她怨恨命运。她怨恨丈夫。她怨恨竟有那样的坏种，给有妇之夫介绍"小玲珑"那样的"女朋友"。

（汉日对译语料库《活动变人形》原文）

（17）"仲伟他妈跟他姐真够神的。"金涛还在说。

（汉日对译语料库《插队的故事》原文）

此外，与汉语粤方言的存在动词相比，"在 +V"的语法化程度相对较高，已经从原来的实词意义中解放出来，拥有一定的独立性。关于该内容，将在本书第七章中进行详细介绍与分析。

第二，关于"V 着"，大量先行研究中对其的主要解释为"その中

心意味は持続である"（其中心意义主要为"持续"）。笔者认同木村英樹
（1982）的说法，"V 着"可以表示"進行の継続"（动作的持续）与"結果
の継続"（结果的持续）两种意义，其中"結果の継続"中的"V 着"，主
要表示"動作の最終状態の維持"（动作最终状态的维持）与"動作結果の
残存"（动作结果的残存）两类。

（18）动作的持续：

她拿着一本小说，<u>心不在焉地读着</u>。

（汉日对译语料库《青春之歌》原文）

（19）结果的持续（动作最终状态的维持）：

<u>她拿着一本小说</u>，心不在焉地读着。

（汉日对译语料库《青春之歌》原文）

（20）结果的持续（动作结果的残存）：

对面一个书架子，下面空着，<u>上层放着精装的英法德各大文豪的</u>
<u>名著</u>。

（汉日对译语料库《关于女人》原文）

本章主要考察"V 着"（动作的持续）这一意义，对于"V 着"（结果
的持续）这一意义，将在本书第五章中进行详细介绍与分析。

在汉语普通话之中，除了"在 +V""V 着"之外，还有其他标记在句
中出现时，句子表进行意义，如时间副词"正 +V"以及句末助词"呢"。
笔者认为这两个标记，主要表现的不是时体意义而是其他意义，因此对于
二者，并不作为时体标记围绕其展开研究。

《现代汉语词典（第 7 版）》第 1670 页中，对于"正"有着这样的解释：
"⑱ 圖表示动作的进行、状态的持续"。例如：

（21）炕上坐着个老汉，是怀月的爷爷，<u>正捻毛线</u>。

（汉日对译语料库《插队的故事》原文）

"正"还能跟"在""着"在句子中共用。例如：

（22）她<u>正在和几个粗壮的农民谈话</u>。

（汉日对译语料库《插队的故事》原文）

（23）"不去！"金涛<u>正满嘴嚼着江米条</u>。

（汉日对译语料库《插队的故事》原文）

（24）大伙<u>正在议论着</u>，高大泉笑嘻嘻地回来了。

（汉日对译语料库《金光大道》原文）

然而，通过对"正"的意义进行分析，笔者不认同将"正"作为时体标记来研究。

| 甲骨文 | 金文 | 战国文字 | 篆书 | 隶书 | 楷书 |

图 14 "正"字的字形变迁

笔者的理由是，"正+V"中的"正"依然保留着"与时点相关"的实在意义。图14为"正"字的字形变迁图。最左边为甲骨文，根据《甲骨文字典》第146页，"正"为"征"的原字，上面的部分代表"人所居之邑"，下面的部分代表"举趾往邑"，即"抬起脚往城池处移动"的意义，表达的是"人向着城池移动"这一武力征伐的过程。《甲骨文校释总集》中，有"王来正人方"（2783 B11232）的句子。从该意义中，衍生出了"弓靶"的意义，并随后衍生出了其他的相关意义，如现代汉语普通话中的"正"，根据《现代汉语词典（第7版）》，第1670页中有着"②位置在中间（跟'侧、偏'相对）"以及"③用于时间，指正在那一点上或在那一段的正中"等意义。因此，"正+V"中的"正"，是表示时间的成分，并不直接作用在动作上。如图15所示，比起与动作/事件之间的关联，"正"与时间轴Z之间的关联更为密切。

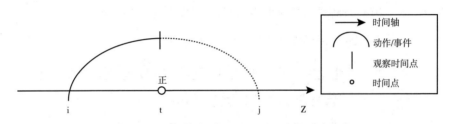

图15 "正"与动作/事件以及时间轴的关系示意图

下面的例句（25）~（27）修改自例句（15）~（17）。如（25）~（27）所示，与"在+V"中的"在"不同，在句子之中"正"是不能跟其他的时间副词共用的。这也从另一个侧面反映出相比直接与动词相关的时体意义，"正"与时点意义的关联更加密切。

（25）* 中央已经下定决心，并且<u>已经正陆续解决这方面的问题</u>。

（26）* 姜静宜<u>一直正嘤嘤地哭泣</u>，把眼睛都哭肿了。她怨恨命运。她怨恨丈夫。她怨恨竟有那样的坏种，给有妇之夫介绍"小玲珑"那样的"女朋友"。

（27）* "仲伟他妈跟他姐真够神的。"金涛<u>还正说</u>。

关于用于句末的"呢",《现代汉语词典(第7版)》第943页中有着"②用在陈述句的末尾,表示动作或情况正在继续"的解释。例如:

（28）多可爱的猫咪啊,你们看,它舔我的手呢。

（汉日对译语料库《轮椅上的梦》原文）

在口语中,"呢"与"在+V""V着""正+V"共用的例子并不罕见。例如:

（29）冯晴岚指指他悄声对我说:"你看,他还在抄呢。"

（汉日对译语料库《天云山传奇》原文）

（30）他正一个人坐在那间黑洞洞的小屋的炕上吸烟呢。

（汉日对译语料库《青春之歌》原文）

（31）不信你看看,还有人专门看管着他们呢。

（汉日对译语料库《轮椅上的梦》原文）

（32）原来是她送的？我正在猜是谁送来的呢!

（汉日对译语料库《天云山传奇》原文）

（33）晓梦,谭静还在楼下等着呢,你还是下楼去跳给大家看吧。

（汉日对译语料库《轮椅上的梦》原文）

（34）我和益翁正惦记着呢;都说:怎么还不见来?

（汉日对译语料库《彷徨》原文）

（35）有一天,掌灯的时候,我还记得真真的,因为我同着两三个娘们正在门口坐着呢。

（汉日对译语料库《骆驼祥子》原文）

然而，句末的"呢"，与其被认定为时体（进行体）标记，不如说是表达情态（modality）的意义更为恰当。首先是其分布的位置。"呢"一般用在句末，这表明与其组合的对象不是动词而是整个句子。从分布的位置来看，"呢"不直接表示"进行"的意义，表示的是某种情态上的意义，根据句子的整体语境，可以推测出在该时间点上某个动作或事件正在进行中。"呢"作为表达情态的语言成分，其在句中的这种表现，也和金立鑫、于秀金（2015：13）所指出的"时体常常与情态（modality）纠缠在一起"这一说法相吻合。

接下来，将对汉语粤方言的进行体标记进行介绍。汉语粤方言的进行体标记，主要为"V 紧""喺度 +V"。两者既可以单独使用，也可以共同使用来表达进行体意义。

（36）我食紧饭。
（香港文汇网例句）
（37）当时参加唱片公司嘅春茗，推门就见到三位巨星喺度锄大 Dee。
（香港文汇网例句）
（38）我喺度揾紧人。
（香港文汇网例句）

在汉语粤方言中，"V 紧"是表示进行体意义的主要标记。"喺度 +V"中的"喺度"，根据上下文语境，可以分为表示场所的实在意义以及表示进行体意义的时体意义两种。

（39）实在意义（"这儿"）：
今晚喺度食饭兼锄大 Dee 啦。

（40）时体意义（进行体意义）：

　当时参加唱片公司嘅春茗，推门就见到三位巨星喺度锄大 Dee。
（香港文汇网例句）

会出现这种情况，其原因与汉语粤方言中"喺度"的语法化程度有着极深的关系。关于这一部分的内容，将在本书第七章中进行详细介绍与分析。

本小节主要介绍了日语、汉语（普通话及粤方言）的进行体标记。汉语普通话和粤方言中都有着不止一个进行体标记。这些标记有着不同的分布位置，具体情况如表 7 所示。

表 7　日语与汉语（普通话及粤方言）的进行体标记

日语	汉语普通话	汉语粤方言
シテイル	在 +V	V 紧
シテイタ	V 着	喺度 +V

二　与动词的连用情况

日语、汉语（普通话及粤方言）中的进行体标记与动词之间的连用情况，具体情况如表 8 所示。

日语的"シテイル"与动词的连用情况比较复杂。从进行体的意义上看，"シテイル"与主体动作过程性动词连用时，表示进行体意义。"シテイル"与主体变化过程性动词、主体动作主体变化（穿戴）动词、主体动作客体变化动词连用时，在特定条件下表示进行体意义。"シテイル"与部分心理动词连用时，可以表示进行体意义。

汉语普通话中的进行体标记，"在 +V"与动词的连用最为广泛。"在 +V"

与主体动作过程性动词、主体动作主体变化（穿戴）动词、主体动作客体变化动词、思考活动动词、感情变化动词等连用时，表进行体意义。与主体变化过程性动词连用时，还可以与"正"一起使用。

　　汉语粤方言中，"V紧"的连用范围比"嗌度+V"要更加广泛，除了能够与主体动作过程性动词、主体动作主体变化（穿戴）动词、主体动作客体变化动词、思考活动动词、感情变化动词等连用外，还可以与主体变化动词连用。

表8　日语、汉语（普通话及粤方言）的进行体标记与动词的连用情况

动词分类			日语	汉语			
				普通话		粤方言	
			シテイル	在+V	V着	V紧	嗌度+V
动态动词	主体动作	①[-过程性]					
		②[+过程性]	◎	◎	◎	◎	◎
	主体变化	③[-过程性]				△	
		④[+过程性]	○	○		◎	△
	⑤主体动作主体姿势变化						
	⑥主体动作主体变化（穿戴）		○	◎		◎	◎
	⑦主体动作客体变化		○	◎	△	◎	◎
心理动词	⑧思考活动			◎	△	◎	◎
	⑨感情变化		△	◎	○	◎	◎
	⑩感觉知觉						
	⑪心理状态						
⑫静态动词							

符号说明：

◎：可连用，表进行体意义。

○：可连用，表进行体意义，有一定的连用条件。

△：部分可连用，表进行体意义。

以下按照动词类别，逐一进行说明。

①主体动作非过程性动词

主体动作非过程性动词可以与进行体标记一起出现在句中，这种用法的本质，是某种动作的反复，这个情况下该时体标记与其说是进行体标记，不如说是反复体标记，如此更为准确。例如：

（41）そこで難民の子供たちと、<u>サッカーボールを蹴っている</u>。

（YAHOO! ニュース网例句）

本书第四章中，将对这种现象进行详细的介绍与分析。

②主体动作过程性动词

主体动作过程性动词，由于 i 点与 j 点明确，是表达进行体意义的典型动词。例如：

日语：

（42）男が<u>何か言っている</u>。男はなかなか茶を喫しない。

（汉日对译语料库《金阁寺》原文）

（43）棚<u>の上のテレビが歌をうたっている</u>。街の大売出しの騒音がそれと二重になる。

（汉日对译语料库《青春の蹉跌》原文）

汉语普通话：

（44）我能猜出<u>他们在说什么</u>。

（汉日对译语料库《插队的故事》原文）

（45）他带着三个大点的孩子，在一盏阴暗的煤油灯下，<u>吃着晚饭</u>。

（汉日对译语料库《关于女人》原文）

汉语粤方言：

（46）你哋知唔知自己做紧乜?

（香港文汇网例句）

（47）喺度食花生。

（香港文汇网例句）

③④主体变化动词

主体变化动词，可以分为③主体变化非过程性动词及④主体变化过程性动词，主要可以分为只关注变化点的变化点中心动词（[－过程性]），以及同时关注变化点及过程的变化过程双关注动词（[＋过程性]）。

对于主体变化动词，即使是有着相同语义的动词，在不同的语言之中也有着不同的表达用法。对于日语及汉语（普通话及粤方言）的对比研究而言，可以分为以下几种。

Ⅰ　典型的变化点中心动词

Ⅱ　典型的变化过程双关注动词

Ⅲ　在不同的语言中有着不同表达用法的动词

对于Ⅰ以及Ⅱ，日语、汉语普通话、汉语粤方言中有着同样的表达用法。而Ⅲ，则是对比研究的主要部分。

接下来，将依次对Ⅰ、Ⅱ、Ⅲ进行分析。

Ⅰ　典型的变化点中心动词

典型的变化点中心动词，是完全没有变化过程的动词，即变化发生在某个瞬间，如"死ぬ／死／死"[①]"爆発する／爆炸／爆"等。这类动词，不

---

① 本书在列举动词例时，若使用"A／B／C"的形式，此时的ABC三种动词形式中，A是日语动词形式，B是汉语普通话动词形式，C是汉语粤方言动词形式。特注。

与"V 着""嘅度 +V"等连用，虽然可以与"テイル""在 +V""V 紧"等连用，但表示的也不是进行体意义，而是同一动作／事件反复出现的反复体意义。以下以"死ぬ／死／死"为例进行分析。

"死ぬ／死／死"

（48）日语：この頃、ここでよく人が死んでいる。

［根据工藤真由美（1995：39）例句改编］

（49）汉语普通话：鸡在死。

［劉綺紋（2006：299）例句］

（50）汉语粤方言：珊瑚死紧点解要尽快攞走？

（谷歌网例句）

由于这种用法并不是进行体的研究对象，而是与进行体有着密切关联的反复体的研究对象，因此将在本书第四章中进行详细分析。

此外，在日语中，由于"シテイル"有着"一标记多体"的特点，这类动词在与"シテイル"连用时，还可以表达结果体和达成体意义。

（51）结果体：堤防の上の道のまんなかに、一人の女が横に伸びて死んでいるのが遠くから見えた。

（汉日对译语料库《黒い雨》原文）

（52）达成体：その勇二郎叔父も五年前に死んでいる。六十近くなるはずのもん叔母は、働かずには暮してゆけないので、中書島へ通っているのであった。

（汉日对译语料库《越前竹人形》原文）

Ⅱ 典型的变化过程双关注动词

典型的变化过程双关注动词，是拥有明确的变化过程的动词，例如"上がる / 上升 / 升""下がる / 下跌 / 跌""稼ぐ / 赚 / 赚"等。接下来，将以"上がる / 上升 / 升""稼ぐ / 赚 / 赚"为例进行分析。

"上がる / 上升 / 升"

（53）日语：

a：T 市では 32.0 度まで<u>気温が上がっている</u>。

（YAHOO! ニュース网例句）

b：山では何軒かの家が燃えて、煙が<u>上がっている</u>－山の裏側の煙は白く、日の当たるほうのは黒く見える……なのに太陽はただ悠々と山頂を通過して行くばかりであった 。

（汉日对译语料库《倾城之恋》译文《傾城の恋》）

（54）汉语普通话：

a：袅袅炊烟<u>在上升</u>。

（原句来自汉日对译语料库《轮椅上的梦》原文，有删改）

b：中国移动这个号段，价值<u>不断在升</u>。

（百度资讯网例句）

（55）汉语粤方言：

a：楼价仲<u>升紧</u>，半年后会贵过哝家。

（谷歌网例句）

b：客户同市场占有率喺过去六个月已经係<u>升紧</u>。

（香港文汇网例句）

"稼ぐ / 赚 / 赚"

（56）日语：

a：じゃあ今は、スナックのほうでたくさん稼いでいるんでしょうか？

（YAHOO! ニュース网例句）

b：それでもひとりで稼いでいるときはよかったが、組で引いていると
きにだけにとまってしまい、みんなにおかしな顔をされるのはやりきれな
かった。

（汉日对译语料库《骆驼祥子》译文《駱駝祥子》）

（57）汉语普通话：

a：杭州女网友怀疑快递员在赚差价。

（百度资讯网例句）

b：你的基金在赚谁的钱？

（百度资讯网例句）

（58）汉语粤方言：

a：我同老公啾家好努力赚紧奶粉钱。

（香港文汇网例句）

b：赚紧钱，仲赚得多过以前。

（香港文汇网例句）

在例句（53）~（58）中，日语例句（53）a、（56）a 表达的是结果体
意义，（53）b 表达事态进行体意义，（56）b 表达期间进行体意义；汉语普
通话例句（54）a 表达事态进行体意义，（54）b、（57）a、（57）b 表达期
间进行体意义；汉语粤方言例句（55）a、（55）b、（58）a、（58）b 均表达
期间进行体意义。

由于日语中"シテイル"可以表达多种时体范畴意义，因此本类动词
与"シテイル"连用时，可以表达包含进行体、结果体在内的多种时体意

义。在汉语普通话与汉语粤方言中则不然。

另外，汉语粤方言的用法还更为广泛，除了可以表达变化的过程之外，还可以表达变化的幅度。例如：

（59）a：汉语粤方言：近排呢只股升紧一倍有多。
（谷歌网例句）

　　b：汉语普通话：＊最近这只股票在升一倍以上。

　　c：日语：最近この株価が倍以上上がっている。

（60）a：汉语粤方言：佢账面已赚紧 615 万。
（谷歌网例句）

　　b：汉语普通话：＊他账面已经在赚 615 万元。

　　c：日语：彼はすでに 615 万元を稼いでいる。

上面的汉语粤方言例句（59）a、（60）a 中，往变化点移动的变化过程仍在继续。在这两个例句中，不仅关注到了变化的过程，还关注到了变化的幅度。汉语普通话中并没有这样的用法，例句（59）b、（60）b 是不成立的。日语例句（59）c、（60）c 中虽然提及变化的幅度，但是在这两个例句中，变化的过程已经停止，例句（59）c、（60）c 虽然可以成立，但表达的却是结果体的意义。

汉语粤方言中"V+ 紧 +（变化的幅度）"这种特殊的用法，表达的是"出现了某种变化，并且此后有继续向这个方向变化发展的倾向"这一意义，试比较下面两个例句（61）a、（61）b：

（61）a：佢账面已赚紧 615 万。（谷歌网例句）

　　b：佢账面已赚咗 615 万。

同样是在"购买的股票上涨，当前所获得的利润是 615 万元"的语境下，例句（61）a 使用的是"V 紧"，因此强调的是"'赚钱'这个事件正处于进程之中，接下来这支股票继续上涨的可能性很大，目前暂时获得的盈利是 615 万元，未来还会得到更多的利润"，因此例句（61）a 中的 615 万元是暂时的利润；而例句（61）b 用了"V 咗"，强调的是"'赚钱'这一变化过程已经结束了，这 615 万元是当前所获得的既定利润"这一意义。

因此，对此类动词而言，日语"シテイル"的关注点是"变化的过程"以及"变化发生之后的状态"，汉语普通话的关注点是"变化的过程"，汉语粤方言的关注点是"变化的过程"以及"变化的幅度"。

这种差异，具体如图 16 所示。

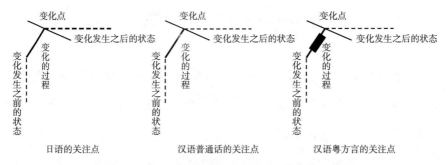

图 16　不同语言对主体变化过程性动词的关注点

Ⅲ　在不同的语言中有着不同的表达用法的动词

表示移动的主体变化动词

表示移动的主体变化动词，主要表达的是主体的位置变化。在粤方言中，表示移动的主体变化动词，其用法非常特别，例如"嚟"（来 / 来る）、"上"（往上移动 / 上に行く）、"出"（往外移动 / 外に出る）、"落"（往下移动 / 下に降りる）、"返"（返回公司、家或其他地方 / 会社、家や他のところに戻る）等，有"嚟紧"（正在来的路上 / 来ている最中）、"上紧嚟"（正在向上移动的途中 / 上に行っているところ）、"出紧嚟"（正在往外移动的途中 / 外に出ているところ）、"落紧嚟"（正在向下移动的途中 / 下に降りているところ）、"返紧工"（正在前往公司的路上 / 会社に行っている最中）等用法，使用较为广泛。

这类动词，根据丸尾誠（2004），有着以下两个特征。①比起移动的路径，更加关注移动的终点。移动这一动作，由移动、路径、移动的主体、背景、移动的状态或原因等要素构成。其中，路径（Path）由起点（Source）、中间通路（Route）、终点（Goal）三部分构成。以上这些动词，全部有着"以终点为关注中心"的特征。②根据上野誠司·影山太郎（2001：44）的解释，路径可以分为有界的路径（Bounded Path）与无界的路径（Unbounded Path）。以上动词，其移动路径全部都是有界的路径。具体如图 17 所示。

在图 17 中，A 为起点，C 为终点，上方的箭头表示移动的方向。AC 之间的实线是移动的路径，A 点前的虚线表示出发前的阶段，C 点后的虚线表示到达后的阶段。B 位于 A 与 C 之间，为中间通路上的一点。

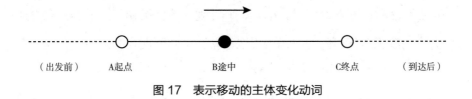

图 17 表示移动的主体变化动词

以动词"来る / 来 / 嚟"为例进行分析。表 9 是日语、汉语（普通话及粤方言）中处于"← A""A ← B → C""C →"三个阶段时所使用的不同语言表达，可以看出，三者之间存在着差异。

表9　日语、汉语（普通话及粤方言）处于移动各阶段时的语言表达

语言	←A	A←B→C	C→
日语"来る"	◎ ママは来る。 ＊ ママは来ている。	◎ ママは来る途中です。 ○ ママは来ている。	◎ ママは来た。 ◎ ママは来ている。
普通话"来"	◎ 妈妈快来了。 ＊ 妈妈在来的路上。 ＊ 妈妈在来。	◎ 妈妈在来的路上。 ＊ 妈妈在来。	◎ 妈妈来了。
粤方言"嚟"	◎ 阿妈嚟喇。 ○ 阿妈嚟紧。	＊ 阿妈喺嚟嘅路上。 ◎ 阿妈嚟紧。	◎ 阿妈嚟咗。

符号说明：◎ 该表达为常见表达　○ 该表达成立　＊ 该表达不成立

接下来，将对日语、汉语（普通话及粤方言）处于"←A"
"A←B→C""C→"三个阶段时的语言表达进行分析。

"←A"为移动前的阶段。在这一阶段，只有粤方言可以使用"嚟紧"
的说法。例如：

（62）朋友：到未啊？而家喺边啊？
　　　妈妈：嚟紧喇。

如同例句（62）所示，妈妈和朋友有约，朋友先妈妈一步到达了约定
的地点。然后，朋友给妈妈打电话，确认现在的情况如何。依然在家里还
没有出门或正准备出门的妈妈，用"嚟紧"来回答朋友的问题。在汉语粤
方言中，哪怕是处于移动前的出发阶段，也是可以使用"嚟紧"的。

"A←B→C"是移动中的阶段，B是移动途中的任意一点。在这一
阶段，日语和汉语（普通话及粤方言）的表达方式，主要有以下两种：

Ⅰ 某通路上的某个点；

Ⅱ 动词与进行体标记连用。

根据表9，日语中Ⅰ、Ⅱ两种说法都成立，汉语普通话中只有Ⅰ成立，汉语粤方言中只有Ⅱ成立。

"C→"是到达之后的阶段。在日语中，当听到"ママは来ている"这个句子时，比起"A←B→C"阶段，听话人首先联想到的是"C→"阶段，即日语"来ている"的结果体意义要比进行体意义更为常用和突出。汉语中没有这样的用法。

从表9的各个例句中，可以发现，对于表示移动的主体变化动词，日语"シテイル"的关注点在"A←B→C"与"C→"这两个阶段，汉语普通话的关注点在"C"，而粤方言的关注点在"←A"和"A←B→C"。这样的差异，如图18所示。

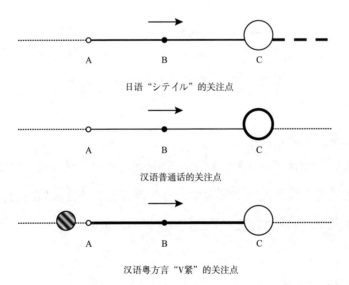

图18　日语、汉语普通话、汉语粤方言对表示移动的主体变化动词的关注点

此外，在汉语粤方言中，"嚟紧"出现了一定的词义扩张和词汇化的现象。词义扩张后的"嚟紧"，有一定的词汇性，可以表示即将到来的时间。例如：

（63）19 岁嘅梁小姐两年前入读 IVE 嘅建筑学高级文凭，<u>嚟紧仲</u>
<u>打算去英国升学</u>。

（谷歌网例句）

（64）<u>嚟紧</u>都安排咗一系列工作。

（香港文汇网例句）

这种用法的本质，是"嚟紧"的意义从空间领域向时间领域的投射，
具体如图 19 所示。

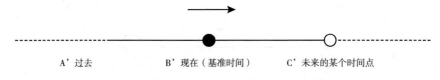

图 19 "嚟紧"的意义在时间领域上的投射

表示输赢的主体变化动词

输赢，即较量或者比赛的结果。要明确输赢的结果，就一定要经历竞
争或者战斗的过程。反映到语言中，有的语言更加关注最后的变化点（胜
利或者败北），有的语言更加关注竞争的过程。例如：

"勝つ / 赢 / 赢"

（65）日语：

a：試合は 9 回表、A が逆転 3 ランを放ち、最後は B まで投入し、
4-2 で<u>勝っている</u>。(YAHOO! 网例句）

b：試合は 9 回表、A が<u>勝っているよ</u>。

（66）汉语普通话：

a：＊ 这场比赛我<u>在赢</u>。

b：A 厉害了，<u>一直在赢</u>。（百度网例句）

（67）汉语粤方言：

a：A 只马终点前仲<u>赢紧 B 只马</u>，点知最后输咗。（香港文汇网例句）

b：虽然楼价跌咗，但早年入市的单位「正常都<u>赢紧</u>」。（香港文汇网例句）

"負ける／输／输"

（68）日语：

a：大好きな巨人が<u>負けている</u>と、とたんにムスッとなる。

（汉日对译语料库《五体不满足》原文）

b：大好きな巨人が<u>負けている</u>が、まだチャンスはある。

（69）汉语普通话：

a：＊ 这场比赛我<u>在输</u>。

b：只要你不戒掉赌，你就永远都<u>在输</u>！

（百度资讯网例句）

（70）汉语粤方言：

a：经已<u>输紧三球</u>，下场努力啦。

（谷歌网例句）

b：踢到 70 分钟仲<u>输紧 4 球</u>。

（谷歌网例句）

例句（65）～（70），全部都与竞技、比赛（赛马、棒球、篮球等）有

关。日语例句（65）a、（68）a 是介绍比赛结果的例句，（65）b、（68）b
则是介绍比赛途中的情况（输赢胜负的进程）的例句。汉语普通话的例句
（66）a、（69）a 是不成立的，（66）b、（69）b 表达的是反复的意义。汉语
粤方言的例句（67）a、（67）b、（70）a、（70）b 全都成立，表达的是比赛
仍在进行之中，还没有分出最后的结果，使用"V 紧"来表示进行体意义。
试比较以下两个例句：

（71）（某场比赛进行到 70 分钟时）

a：踢到 70 分钟，<u>输紧 4 球</u>。

b：踢到 70 分钟，<u>输咗 4 球</u>。

例句（71）a、（71）b，都是描述某场比赛进行到中途比赛情况进展的
句子，语境都涉及对比赛过去 70 分钟后场上形势的讨论。同样是介绍落后
4 球的情况，例句（71）a 中的"输紧"，表达的是"现在虽然落后对方 4 球，
但是比赛还在进行之中，比赛还没有结束，现在的结果不是最终的结果，仅
仅是一个临时的结果。接下来还有机会，还没有落败，落后 4 球是暂时的结
果"的意义。而例句（71）b 的"输咗"表达的是"当前比赛的结果是已然
输了 4 球，这是已经发生的事实，无法改变，这是既定的结果"的意义。

图 20 显示了日语、汉语普通话、汉语粤方言对表示输赢的主体变化
动词在关注点上的差异。对于表示胜负的主体变化动词而言，日语"シテ
イル"关注的是变化发生之后的状态以及变化的过程，其中主要的关注点
是变化发生之后的状态。汉语普通话中的"在 +V"能够跟此类动词连用，
但是此时表达的不是进行体意义，而是反复体意义；因此，在汉语普通话
之中，该类动词其实可以归类为主体变化非过程性动词。汉语粤方言的主
要关注点是变化的过程。

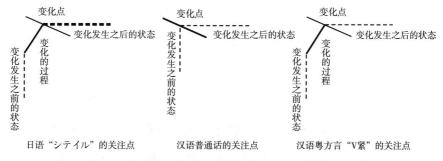

图 20　日语、汉语普通话、汉语粤方言中表示输赢的主体变化动词

　　日语和汉语中表示移动和输赢的主体变化动词在表达用法上存在差异的原因，有两种可能。第一，动词从属于不同的类别，这是由动词在词汇时体上的差异决定的。第二，动词从属于同样的类别，但是受到时体标记的影响，出现了表达用法上的差异，因此这样的差异与时体标记内部的某种属性有关。

　　根据上面的分析以及图 16、图 20，我们能看出，汉语粤方言的表达和用法十分特别。在汉语粤方言中，有两个进行体标记（"V 紧"与"喺度 +V"），因此可以使用这两个时体标记来进行测试与分析。在同一种语言中，动词的分类不会改变。因此，如果一个动词能够同时跟这两个时体标记连用，表达进行体意义，那么差异出现的原因，就是动词之间的词汇时体不同。反之，如果无法同时使用，那么差异出现的原因就与动词无关，而是受到了时体标记的影响。

　　与典型的变化点中心动词共同使用的"V 紧"表示的是反复体意义，无法进行测试。那么接下来就使用典型的变化过程双关注动词来进行测试。

　　（72）a：楼价仲升紧，半年后会贵过喺家。

　　　　　b：楼价仲喺度升，半年后会贵过喺家。

（73）a：我同老公喺家好努力<u>赚紧</u>奶粉钱。

　　　b：我同老公喺家好努力<u>喺度赚</u>奶粉钱。

在例句（72）（73）中，"V 紧"与"喺度 +V"两种用法都可以成立。那么如果是在不同的语言中有着不同的表达用法的动词，测试结果又会如何呢？下文例句（74）（75）是表示移动的主体变化动词的例句，例句（76）（77）是表示输赢的主体变化动词的例句。

（74）a：阿妈<u>嚟紧</u>。

　　　b：* 阿妈<u>喺度嚟</u>。

（75）a：阿妈<u>落紧</u>嚟。

　　　b：* 阿妈<u>喺度落</u>嚟。

（76）a：A 只马终点前仲<u>赢紧</u> B <u>只马</u>，点知最后输咗。

　　　b：* A 只马终点前仲<u>喺度赢</u> B <u>只马</u>，点知最后输咗。

（77）a：踢到 70 分钟仲<u>输紧</u>。

　　　b：* 踢到 70 分钟仲<u>喺度输</u>。

在例句（74）~（77）中，可以看到，表示移动与输赢的主体变化动词可以与"V 紧"连用，却不能与"喺度 +V"连用。

"V 紧"在与其他动词（下文的⑤主体动作主体姿势变化动词、⑦主体动作客体变化动词的一部分）连用时，可以表达结果体意义，但是在例句（74）a~（77）a 中，表达的不是结果体意义。原因是，与⑤主体动作主体姿势变化动词、⑦主体动作客体变化动词的一部分连用的"V 紧"，观察时间点 $t=j \rightarrow$，而在例句（74）a~（77）a 中"V 紧"的观察时间点 $t=i \longleftrightarrow j$。

　　因此，日语与汉语中表示移动及输赢的主体变化动词在表达用法上的差异，与时体标记的某种内部属性有关。从图 16、图 20 中可以看出，这种属性与动作 / 事件（在此类动词中表现为变化）的进程（Process）有着密切的关系。为了与动词分类中所提及的动作 / 事件的"过程性"区分开来，本书中将这种属性命名为"事态性"。本章第三节"进行体问题的相关讨论"部分将围绕"事态性"进行深入的分析。

　　最后，对于变化动词中所涉及的"变化的过程"这一阶段，还有一事需要进行说明。对于一个变化动词而言，其是否具有"变化的过程"，并不是固定不变的。一般来说，除了典型的变化点中心动词以外，大部分的非过程性变化动词，在特定的语境中，有可能获得临时的"变化的过程"。例如：

　　（78）羽は高いところから落ちている。
　　（79）总统 9 日晚连续发推猛批右翼评论作家，并表示自己在边境墙问题上"正在赢"。
　　（百度资讯网例句）

　　例句（78）是一个日语例句，例句（79）是一个汉语普通话例句。其中"落ちる"在日语中、"赢"在汉语普通话中，一般都是作为非过程性变化动词而存在的。然而根据这里的上下文，为了强调"羽毛正从高处缓缓飘落""政策是正确的，将来必定会走向胜利"等意义，这两个动词于句中获得了某种临时的"变化的过程"，因此这两个例句可以成立。

　　⑤主体动作主体姿势变化动词

　　主体动作主体姿势变化动词，即表示由于主体发出的某种动作而引起主体的体位姿势发生了变化的动词，例如"座る / 坐 / 坐""立つ / 站 / 站"

等。这类动词一般不关注动作的过程，因此其进行体用法较少。

在日语中，这类动词与"シテイル"连用时，一般表示结果体意义。

（80）でも今僕の前に<u>座っている</u>彼女はまるで春を迎えて世界にとびだしたばかりの小動物のように端々しい生命感を体中からほとばしらせていた。

（汉日对译语料库《ノルウェイの森》原文）

（81）声をかけたのは席がなくて通路に<u>立っている</u>中年の洋服の男である。

（汉日对译语料库《あした来る人》原文）

在汉语普通话中，此类动词一般不与进行体标记"在+V"连用。时体标记"V着"可以与此类动词连用，在这种情况下表达的是结果体意义。然而，在动词的意义发生了扩张的情况下，其与进行体标记的连用情况也会发生变化。例如：

（82）a：* 儿子<u>在坐</u>。

　　　b：儿子如今就像<u>在坐牢</u>一样。

（百度资讯网例句）

　　　c：网友爆料某明星生了三胎，<u>在坐月子</u>。

（百度资讯网例句）

（83）a：* 儿子<u>在站</u>。

　　　b：当别人去喝酒应酬时我<u>在站柜台</u>。

（百度资讯网例句）

在例句（82）a、（83）a中，可以得知"坐""站"这样的主体动作主体姿势变化动词一般不与进行体标记连用。然而，例句（82）b中的"在坐牢"、例句（83）b中的"在站柜台"等说法却是成立的。在（82）b、（83）b中，动词的意义得到了扩张，动词整体成为［＋过程性］的主体动作动词，因此可以与"在"连用，表达进行体意义。

汉语粤方言也存在此类现象。除了主体动作主体姿势变化动词的意义出现扩张的情况之外，"坐""站"一般不与进行体标记连用。

（84）a（基本义）：＊ 当时一家三口<u>坐紧</u>。

　　　b（意义扩张）：当时一家三口<u>坐紧</u>邮轮。

（香港文汇网例句）

⑥主体动作主体变化（穿戴）动词

主体动作主体变化（穿戴）动词，是指"着る／穿／着""被る／戴／戴"等与穿戴相关的动词。此类动词有着［＋动作］［＋变化］的特点，因此既可以表达进行体意义，也可以表达结果体意义。从表5中，可以得知日语中的"シテイル"既可以表达进行体意义，又可以表达反复体、结果体、达成体等意义。接下来将以"着る／穿／着"为例进行分析。

在汉日对译语料库的日语例句中，含有"着ている"的语料共计68条，其中65条表达结果体意义，2条表达反复体意义，1条表达进行体意义。表达结果体意义的例句，如下面例句所示。

（85）尤も驚いたのはこの暑いのに<u>フランネルの襯衣を着ている</u>。

（汉日对译语料库《坊ちゃん》原文）

（86）僕はびっくりして自分の<u>着ている葡萄色のセーター</u>に目をやった。

（汉日对译语料库《ノルウェイの森》原文）

因此，日语的"シテイル"在与主体动作主体变化（穿戴）动词连用时，存在时体意义表达上的倾向性。从语料的意义表达比例来看，最优先表达的是结果体意义。而在表达进行体意义时，则需要特定的上下文背景来进行提示。例如：

（87）彼は鏡の前にフランネルの襯衣を着ている。

（88）僕は姿見の前に葡萄色のセーターを着ている。

在汉语普通话中，与主体动作主体变化（穿戴）动词连用时，一般"在+V"表达进行体意义，而"V着"表达结果体意义。例如：

（89）我爷爷正在穿衣，被小颜他们按在炕上，用绳反剪了胳膊，架到了院子里。

（汉日对译语料库《红高粱》原文）

（90）下午她又穿着实验白衣服，在化学楼前出现。

（汉日对译语料库《关于女人》原文）

然而，这并不代表着，"V着"与此类动词连用时一定无法表达进行体意义。在汉日对译语料库中，含有"穿着"的语料共计255条，其中无效语料7条，247条语料表达结果体意义，1条语料表达进行体意义，即下面的例句（91）。

（91）他说着话就下了床，一边从容不迫地穿着棉衣，一边对道静抱歉似的小声说道，"对不起，又失约了。你睡吧，别等我。太晚，我就不回来了。"

（汉日对译语料库《青春之歌》原文）

在汉语粤方言中，情况则有所不同。汉语粤方言的"V紧"，主要表达进行体意义，另外还能表达结果体意义。

（92）进行体：<u>我着紧</u>衫呀。

（93）结果体：件冷衫好似<u>我着紧</u>嗰件。

（谷歌网例句）

⑦主体动作客体变化动词

主体动作客体变化动词，是表达由于主体的某种动作而引起客体发生某种变化这一意义的动词，有着［＋主体］［＋客体］［＋动作］［＋变化］的特征。因此，这一类别的动词，虽然同时关注动作与变化两者，其中也可以细分为倾向关注动作类及倾向关注变化类这两个类别。如表6所示，根据客体的变化情况，主体动作客体变化动词，可以细分为"移动变换动词""消除脱落动词""依附添加动词""所有关系变化动词""状态变化动词"五种。接下来，将从"移动变换动词""消除脱落动词""依附添加动词""所有关系变化动词""状态变化动词"五种动词中，各选取一个经典动词，即以"運ぶ／搬／搬""抜く／拔／搋""貼る／贴／黐""買う／买／买""直す／改／改"为例进行分析。

"移动变换动词"

在汉日对译语料库的日语语料中，含有"運んでいる"的语料共计13条，其中9条表示进行体意义，2条表示结果体意义，2条表示反复体意义。

（94）进行体：赤黒い蟻の一隊が、せかせかと<u>泥を運んでいる</u>。

（汉日对译语料库《红高粱》译文《赤い高粱》）

　　结果体：工業の大部分は破産し、綿布のような日用品までも、<u>アメ</u>
<u>リカから運んでいる</u>。

（汉日对译语料库《毛泽东选集》第三卷译文《毛沢東選集三》）

　　反复体：露地のとある家で紙箱を造っている「五・七」工場があっ
た。<u>よく三輪車で物を運んでいる</u>ようだ。

（汉日对译语料库《人到中年》译文《北京の女医》）

在汉语普通话中，进行体标记与移动变换动词连用，表示进行体意
义，不表示结果体意义。汉语粤方言中也同样如此。

汉语普通话：

（95）那辆黑色上海牌汽车还停在门口，他的秘书还在<u>搬什么东西</u>。

（汉日对译语料库《天云山传奇》原文）

（96）他<u>搬着一块不大不小的石头</u>，从河南到河北。

（汉日对译语料库《红高粱》原文）

汉语粤方言：

（97）我<u>搬紧嘢啊</u>。

（98）我<u>喺度搬嘢</u>啊。

<u>"消除脱落动词"</u>

在汉日对译语料库的日语语料中，含有"抜いている"的语料共计2条，2条都表示结果体意义。但是，从网络语料中，也找到了表示进行体意义的例句。

（99）进行体：またその状態で<u>抜いている</u>途中で止めて、刀を眺める人がいます。

（YAHOO! 网例句）

结果体：また虫歯の治療で神経を<u>抜いている</u>歯も要注意。

（YAHOO! 网例句）

在汉语普通话中，进行体标记与消除脱落动词连用时，可以表示进行体意义。而"V 着"与此类动词连用时，不仅可以表示进行体意义，在部分表达中还可以表示结果体意义。此时，"V 着"所表达的意义是"结果的持续"中"动作最终状态的维持"这一意义。因此，下句（101）结果体 a 不成立而（101）结果体 b 成立的理由是，前者的动作"拔井绳"这一动作的最终状态一般而言是无法持续的，而后者的动作"拔剑"这一动作的最终状态"保持拔剑后的最终姿势"是可以持续的。

（100）最后，她居然跑到了屋侧，用双手在<u>拔</u>一棵箭竹。

［百度网例句，出自王小波（1997）小说《青铜时代 万寿寺》］

（101）进行体：a：外祖母用力往上<u>拔着</u>井绳。

［百度网例句，出自莫言（2012）小说《红高粱家族》］

　　　　　　b：他们往外<u>拔着</u>剑。

　　结果体：a：* 外祖母<u>拔着</u>井绳。

　　　　　　b：他们还<u>拔着</u>剑。咱们快去多叫些人来把他们重新捆好。

在汉语粤方言中，进行体标记与此类动词连用时，表达进行体意义。

（102）a：佢搲紧牙啊。

　　　b：佢喺度搲牙啊。

"依附添加动词"

"依附添加动词"类的动词有一个明显的特征，即在动作结束之后，动作结果的残存较容易被观察。

在汉日对译语料库的日语语料中，含有"貼っている"的语料共计3条，其中1条表示进行体意义，1条表示结果体意义，1条表示反复体意义。

（103）进行体：夢を見ているのかと思って目をこすったが、父は確かに窓に紙を貼っているところだった。

（汉日对译语料库《轮椅上的梦》译文《車椅子の上の夢》）

　　结果体：中には冗談で豚の交尾の写真を貼っているものもいたが、そういうのは例外中の例外で。

（汉日对译语料库《ノルウェイの森》原文）

　　反复体：彼は大好きなロシア語の勉強も放り出し、同じように受験の準備を放棄した仲間を引き連れて、毎日、ポスターやチラシを刷り、あちらの大通りからこちらの横丁へと駆けまわって建物にスローガンを書き、壁新聞を貼っている。

（汉日对译语料库《轮椅上的梦》译文《車椅子の上の夢》）

在汉语普通话中，此类动词与"在 +V"连用时，一般表示进行体意义；与"V 着"连用时，一般表示结果体意义。

（104）有人<u>在贴</u>封条。

（百度网例句）

（105）同时每星期得到四弟的万言书，<u>贴着</u>种种不同的邮票，走遍天涯给我写些人生无味的话，似乎有投海的趋势，那时我倒有点恐慌！

（汉日对译语料库《关于女人》原文）

在汉语粤方言中，此类动词与"喺度 +V"连用时，可以表达进行体意义，与"V 紧"连用时，可以表示进行体意义与结果体意义（关于此类动词与"V紧"连用表示结果体意义这一现象，将在本书第五章中进行探讨与分析）。

（106）进行体：a：屋企<u>黐紧</u>墙纸啊。

　　　　　　　　b：屋企<u>喺度黐</u>墙纸啊。

（107）结果体：我唔钟意间屋<u>黐紧</u>嘅墙纸啊。

"所有关系变化动词"

"所有关系变化动词"，是关注"关系变化"的一类动词，日语与汉语在看待此类动词时，有着不一样的观察视角。宫岛達夫（1994）在进行日语及汉语这两种语言的动词对比研究时发现，汉语动词"买"在词义上所包含的动作范围，大于日语动词"買う"在词义上所包含的动作范围。宫岛達夫（1994）以"千里馬をかう（买千里马）"为例，详细地分解了"買う/买"这一动作的全部进程，并将其细分为八个部分：1、寻找存在千里马的场所；2、找出千里马的主人是谁；3、前往千里马主人的住处或经商之处；4、与千里马的主人进行交涉，谈妥价格及相关事宜；5、双方就买卖事宜达成一致；6、支付相关费用；7、千里马的所有权出现了变化；8、牵着千里马离开（宫岛達夫 1994：419）。汉语中的"买"，所包含的范围从第一阶段到第八阶段，因此要开始"买"这个动作，不必实现全部的阶段。而日语则不然，日语中的"買う"主要是以第七阶段为中心的，即主要关注的是"所有关系发生变化"这一点。

在汉日对译语料库的日语语料中，含有"買っている"的语料共计 7 条，其中 6 条表示结果体意义，1 条表示进行体意义。

（108）进行体：ある日、食堂でおかずを買っているとき、それをよそっている女性の炊事係とひと悶着を起こした。

（汉日对译语料库《钟鼓楼》译文《鐘鼓楼》）

（109）结果体：それでも、口では自分のために買っているのではなく、祥子のことを心から思ってのことなのだと言いたてた。

（汉日对译语料库《骆驼祥子》译文《駱駝祥子》）

在汉语普通话中，此类动词表进行体意义。汉语粤方言也是如此。

（110）汉语普通话：我在买东西。

汉语粤方言：a：我买紧嘢。

b：我喺度买嘢啊。

"状态变化动词"

在汉日对译语料库的日语语料中，含有"直している"的语料共计 5 条，其中 4 条表示进行体意义，1 条表示结果体意义。

（111）进行体：洗濯機がまわっているあいだに、葛萍は部屋で生徒の綴方を直している。彼女も気持ちが安らいでいた。

（汉日对译语料库《钟鼓楼》译文《鐘鼓楼》）

（112）结果体：生徒の綴方はもう直している。

在汉语普通话中，此类动词与进行体标记连用，表进行体意义。汉语粤方言也是如此。

（113）汉语普通话：据说有的工商业家对我们的政策有抵触，但他又确实在改，那就好，改好了会感到我们的政策对他是有帮助的。

（汉日对译语料库《邓小平文选》第一卷原文）

（114）汉语粤方言：a：图则仲改紧，我有好多 idea。

（香港文汇网例句）

　　　　　　　　　　　　b：我仲喺度改图则，我有好多 idea。

⑧～⑪ 心理动词

根据表6，心理动词可以细分为4类。从⑧到⑪，动作性依次减弱，状态性依次增强。接下来，将从⑧⑨⑩⑪中各自选取一个具有代表性的动词，以"考える/想/谂""怒る/生气/嬲""感じる/感觉/感觉""信じる/相信/信"为例进行分析。

在日语中，时体标记"シテイル"可以与⑧～⑪的心理动词连用，其所表达的意义根据上下文语境来进行判断。例如：

"考える"

（115）a：おれは空を見ながら清の事を考えている。

（汉日对译语料库《坊ちゃん》原文）

　　　　b：と喜助はいった。そうして、また何か考えている。

（汉日对译语料库《越前竹人形》原文）

　　　　c：三宅の理想主義は美しいかも知れない。しかし彼は眼の
　　　　　　まえにある現実を否定することばかり考えている。

（汉日对译语料库《青春の蹉跌》原文）

　　　　d：月給全部持って来ても、その半分持って来ても、どうせ妻
　　　　　　が実家から不足分をもらってくるというなら、なるべく自分
　　　　　　の小遣いをたくさん確保した方が好都合だ。こう克平は考
　　　　　　えている。

（汉日对译语料库《あした来る人》原文）

“怒る”

（116）a：ホラ、君があの蓮華寺へ引越す時、我輩も門前まで行き
　　　　　　ましたろう――実は、君だからこんなことまでも御話するん
　　　　　　だが、あの寺には不義理なことがしてあって、住職は非
　　　　　　常に怒っている。

（汉日对译语料库《破戒》原文）

　　　　b：父は怒っているかも知れない。しかし父には弱味がある。
　　　　　　栄子をうちに入れたということだ。

（汉日对译语料库《青春の蹉跌》原文）

“感じる”

（117）a：こんどは掌に汗を感じた。膝の上に置いてある手がじっと

りと汗ばんでいる。手ばかりではない、首すじにも、わき

の下にも、ねっとりと汗を感じている。

（汉日对译语料库《あした来る人》原文）

b：ただ、そう感じているだけでなく、実際に、足がぬかりは

じめているのだった。

（汉日对译语料库《砂の女》原文）

c：一人芝居が、一人では決して打てないということを、身に

しみて感じている。

（汉日对译语料库《サラダ記念日》原文）

"信じる"

（118）a：今日只今に至るまでこれでいいと堅く信じている。

（汉日对译语料库《坊ちゃん》原文）

b：婆さんは何も知らないから年さえ取れば兄の家がもらえる

と信じている。

（汉日对译语料库《坊ちゃん》原文）

　　例句（115）a、（115）b中，表示的是主体现在正在思考着某个问题，这属于进行体的用法；（115）c表示的是某段时间内头脑之中一直在思考同一件事情；（115）d则是现在已经形成了某一种想法。例句（116）a、（116）b，笔者认为与其解释为进行体用法，不如说是"临时的某种心理状态"。例句（117）a、（117）b、（117）c，从这几个例句中可以看到从"临时的某种心理状态"向"长期的某种心理状态"发展的倾向。例句（118）a、（118）b表达的是"长期的某种心理状态"。

　　工藤真由美（1995）将心理动词与"シテイル"的连用，解释为表达

"長期継続"（长期持续）与"確認記録"（确认记录）的意义。而从以上例句（115）~（118）中，可以得知，在日语中心理动词与"シテイル"的连用，可以表达以下意义：

事态进行　→　一定时间内的期间进行　→　形成的某种想法

　　　　→　临时的某种状态　→　长期的某种状态

在汉语普通话中，如表8所示，进行体标记"在+V"可以与⑧、⑨连用，而几乎不与⑩、⑪连用。例如：

"想"

　　（119）a：有一天我坐在电视机前发呆，妻问我在想什么，我说沙发。

　　（汉日对译语料库《中日飞鸿》原文）

　　　　　b：剑云的脸部表情时时在变化，人很难猜透他心里究竟在想什么。

　　（汉日对译语料库《家》原文）

　　　　　c："我一直在想一个问题：我们党委是否也应该讨论一下检验真理的标准呢？这个讨论已经开展了这么久……"

　　（汉日对译语料库《人啊，人》原文）

　　　　　d：大家都在想：这个角色唱词多，要选个能干的。

　　（汉日对译语料库《金光大道》原文）

"生气"

　　（120）他熟悉这个人的脾气，不用问，这个犟家伙又在生气。

（汉日对译语料库《金光大道》原文）

"感觉"

（121）a：他们<u>感觉</u>现在的世界已经不是从前的世界。

（汉日对译语料库《毛泽东选集》第一卷原文）

　　　　b：* 他们<u>在感觉</u>现在的世界已经不是从前的世界。

"相信"

（122）a：当然，我<u>相信</u>，你们长大了会有好日子过的。

（汉日对译语料库《活动变人形》原文）

　　　　b：* 当然，我<u>在相信</u>，你们长大了会有好日子过的。

例句（119）a、（119）b 表达的是事态进行体意义，（119）c 表达的是期间进行体意义，（119）d 表达的是某种已经形成的想法。例句（120）是临时的某种心理状态，而例句（121）b、（122）b 是不成立的。因此，在汉语普通话中，当进行体标记与心理动词连用时，表达的意义如下：

事态进行　→　一定时间内的期间进行　→　形成的某种想法
→　临时的某种状态

汉语粤方言的情况则有所差异，例如：

"谂"

（123）a：我仲<u>谂</u>紧佢怕唔怕，点知佢竟然开心起上来。

（香港文汇网例句）

　　b：其实仲谂紧去不去。

（香港文汇网例句）

　　c：听闻有关方面近排努力谂紧办法。

（香港文汇网例句）

　　d：＊原本谂紧下年先搬，但而家环境唔好，我决定下个
　　　　月就搬。

"嬲"

（124）阿妈依然嬲紧我。

（香港文汇网例句）

"感觉"

（125）a：我觉得个心好踏实。

（香港文汇网例句）

　　b：＊我觉得紧个心好踏实。

"信"

（126）a：我信你过得好。

（香港文汇网例句）

　　b：＊我信紧你过得好。

　　例句（123）a、（123）b 表达的是事态进行体意义，（123）c 表达的是
期间进行体意义，（123）d 不成立。例句（124）是临时的某种心理状态。
例句（125）b、（126）b 是不成立的。因此，在汉语粤方言中，当进行体

标记与心理动词连用时，表达的意义如下：

事态进行　→　一定时间内的期间进行　→　临时的某种状态

例外，在汉语粤方言中，表示"某种已经形成的想法"时，使用的是"V住"，例如：

（127）a：我仲谂紧搬唔搬。

　　　　b：原本谂住下年先搬，但而家环境唔好，我决定下个月就搬。
（香港文汇网例句）

从例句（127）中，可以看出在汉语粤方言中，心理动词与"V紧""V住"连用时的区别。（127）a中的"谂紧"表示的是"正在思考某个具体的问题（要不要搬走）"，而（127）b中的"谂住"则强调这种思考后所形成的结论"打算明年搬走"。

从本小节的分析中，可以知道日语、汉语（普通话及粤方言）中的进行体标记与各类动词连用时的基本情况。

第三节　进行体问题的相关讨论

一　事态性及期间性

本章第二节中曾提及进行体标记的"事态性"这一属性。那么，到底什么是"事态性"？接下来将进行详细的分析。

根据前文所述，进行体可以分为事态进行体与期间进行体两个类别。

据此可以推测，对于某个进行体标记而言，其内部具有两种属性。其中一种属性与动作事态相关，另一种与事件期间相关。事态进行体，主要考察的是某个具体的、封闭的、进行中的动作。对于与事态进行体密切相关的这种内部属性，为了与动词分类中的"过程性"相区分，笔者将之命名为"事态性"（"プロセス性"）。期间进行体，主要考察的是某个开放的、时间跨度较大的、处于进程中的事件；对于与期间进行体密切相关的这种内部属性，笔者将之命名为"期间性"。

根据本章第一节，事态进行体与期间进行体的区别，主要在于 i 点与 j 点在时间轴 Z 上的间隔距离、$M_{i \to j}$ 是封闭的还是开放的，即动作 / 事件的内部持续时间。彭飛（2007）考察了进行体标记与动作 / 事件的持续时间之间的关系，总结了汉语普通话中"在 +V"的六种用法，并将这些用法的关联用图片进行了说明，具体如图 21 所示。

$$\boxed{在1} \Rightarrow \boxed{在2} \Rightarrow \boxed{在3、在4} \Rightarrow \boxed{在5、在6}$$

現時点の進行中の動き → 持続進行 → （終始持続進行）→ 判断、評価

图 21　彭飛（2007：323）汉语普通话中"在 +V"的六种用法之间的关联

注：彭飛「「V+テイル」構文と「在+V」「V+着」構文との比較研究—「在+V」構文の"在1"～"在6"をめぐって—」，彭飛（編）『日中対照言語学研究論文集　中国語からみた日本語の特徴、日本語からみた中国語の特徴』，287-326，和泉書院，2007：323。

彭飛（2007）的研究指出了动作 / 事件的持续时间对"在 +V"用法的影响，然而其中有部分例句混淆了进行体与反复体这两个概念。如果不考虑其他时体范畴（反复体）的影响，只对进行体进行考察，对于某个动作 / 事件 $M_{i \to j}$ 而言，其有着持续性（"継続性"），这种持续性由事态性和期间性构成，而事态性与期间性的关系，具体如图 22 所示。

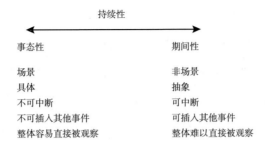

图 22　事态性与期间性的关系

接下来，对事态性与期间性进行如下说明。

第一，事态性是具体的、依托于场景的。期间性是抽象的、不依托于场景的。当期间性的持续时间极度长时，所观察的事件将接近于某种性质／状态。

第二，事态性与期间性这两种性质，都存在于一个进行体标记之中。所有的进行体标记中，都有着一定的事态性与期间性。例如，彭飛（2007）研究中所指的"在1"与"在2"的事态性较强；而"在3"与"在4"的期间性较强，这就是"在+V"在不同语境下、与不同动词连用时事态性与期间性强弱呈现出来的不同结果。

第三，在一种语言中，如果存在着两个以上的进行体标记，那么不同的进行体标记之间，其事态性与期间性会存在着强弱倾向不同的差异。例如，汉语粤方言中的"V紧"与"喺度+V"中，"V紧"的事态性较强。这一点，可以从其与主体变化动词的连用情况中看出。

第四，不同语言的进行体标记之间，也存在着事态性与期间性的强弱倾向不同的差异。彭小川（2010：15-19）在考察了汉语粤方言的"V紧"与附着义动词[1]、均质动词[2]、瞬间动作动词[3]的连用情况后，指出汉语粤方

---

[1]　根据本书的动词分类，指的是主体动作主体变化（穿戴）动词、主体动作客体变化（依附添加）动词。

[2]　根据本书的动词分类，指的是主体动作主体姿势变化动词。

[3]　根据本书的动词分类，指的是主体动作非过程性动词。

言的"V紧"比汉语普通话的"在+V"有着更强的"动态性"。然而在彭小川（2010）的研究中，并没有对"动态性"的定义与内涵进行进一步的分析。彭小川（2010：15-19）研究中所提到的"动态性"，其本质就是本书中所讨论的"事态性"。此外，由于与"动态"所对应的是"静态"，因此"动态性"这一说法容易让人联想到"动"与"静"的对立。因此，笔者选择使用"事态性"这一用语来进行论述。

接下来，将从事态性与期间性的角度，对汉语普通话中进行体标记之间的差异、汉语粤方言中进行体标记之间的差异、日语及汉语（普通话、粤方言）进行体标记之间的差异进行分析。

二　汉语普通话的进行体标记

1. "在+V"和"V着"的事态性及期间性

对于汉语普通话的进行体标记"在+V""V着"之间的差异，有着较多的先行研究。本研究将在考察两者的基本义与变迁的基础上，从事态性与期间性的角度，考察两者的差异。

如图23所示为"在"与"着"的字形变迁。"在"的意义，在中国现存最早的一部辞书《尔雅》中，有着"居也"的解释；在中国最早的考察汉字字源的辞书《说文解字》中，有"在，存也"的解释。而"着"这个字，有着"箸→著→着"的变迁过程。最早出现的是"箸"字，然后出现了"著"字，而"着"字最初是作为"著"字的俗字使用的。在宋朝部首类汉字字典《类篇》中，对于"着"字，有"附也"的解释。

从"在"字与"着"字的本义上可以看出，"在"字的基本义是存在动词，而"着"字的基本义是表示"附着"意义的动词。两者的意义和用法随后都在经过了长时间的变化后，出现了语法化的现象，演变出了现在

图23　"在"与"着"的汉字变迁

甲骨文　　金文　战国时代文字　篆文　　　隶书　　　楷书

的时体意义。对于"在"的语法化路径，将详细于第七章中进行介绍，本小节主要着重介绍"在"与"着"的基本义对其时体意义的影响。

在"在+V"中，当观察时间点=t时，由于"在"的基本义为"存在"，其时体意义为"观察时间点t存在于某个动作/事件$M_{i \rightarrow j}$之中"，表达的是典型的"动作的持续"的意义。

而在"V着"中，由于"着"字的意义演变较为复杂，其从"附着"的意义中逐渐衍生出了"持续"的意义。

陈忠（2009b：87）曾对"着""正""在"的用法进行研究，并对其在句中的替换条件及其理据进行分析，具体情况如表10所示。

表10　"着"与"正""在"对立与交叉的条件（陈忠2009b：87）

	图式	参照区间	VP_1与VP_2关系	内部时间结构	视点
着	附着	无	共享伴随	淡化终结、无界	非终结
正	核心—边缘	时点	前提—目的	终结型、有界	已然开始
在	现存	时段	前提—目的	终结型、有界	已然开始

注：陈忠《"着"与"正"、"在"的替换条件及其理据》，《语言教学与研究》3，81-88，北京语言大学，2009b：87。

因此，"在+V"与"V着"在表达"动作的持续"这一意义时，在观察时间点t上有着如下的区别：

$$\text{“在 +V”：}\quad t{=}h{=}i \longleftrightarrow j$$

$$\text{“V 着”：}\quad t{=}h{=}i \rightarrow$$

"在 +V"与"V 着"在观察时间点 t 上的差异，具体情况如图 24 所示。

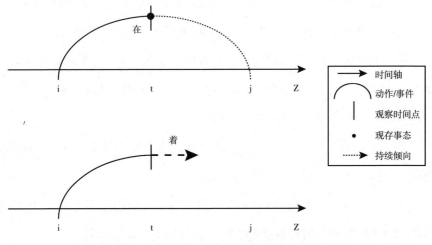

图 24 "在 +V"与"V 着"在观察时间点 t 上的差异

从例句中，可以看出"在 +V"与"V 着"主要有以下用法上的差别。

一、在 j 点不明确的情况下，倾向于使用"V 着"。

例句（128）~（130）中，动作 / 事件仍在继续，而文中的"整整一个上午""那一年""从此以后"等时间成分都在提示该动作 / 事件的时间间隔较长，却没有明确地指出 j 点。

（128）<u>整整一个上午</u>，罗汉大爷就跟没魂一样，<u>死命地搬着石头</u>。

（汉日对译语料库《红高粱》原文）

（129）<u>那一年</u>，清王朝虽已覆灭，但末代皇帝仍在紫禁城中<u>继续</u>
<u>过着帝王般的生活</u>。

（汉日对译语料库《钟鼓楼》原文）

（130）<u>从此以后</u>，他们<u>过着幸福的生活</u>。

（百度网例句）

因此，"V 着"可以与状态动词连用，这是超越时体意义的用法（脱ア
スペクト表現）。

（131）那般玩龙灯的人<u>有着结实的身体，有着坚强的腕力</u>。可是
他们却任人烧，一点也不防御。

（汉日对译语料库《家》原文）

（132）所有的这些问题，比这些更多得多也更严重得多的问题都
在倪吾诚的头脑中、心目中<u>存在着</u>。

（汉日对译语料库《活动变人形》原文）

二、在表示"持续"意义的情况下，可以使用"V 着 V 着"的重叠形式。

（133）后来两个孩子趴在床上翻我的旧相册，<u>翻着翻着</u>嚷起来。

（汉日对译语料库《插队的故事》原文）

三、当描写两个或两个以上的动作 / 事件同时发生时，使用"V 着"：

（134）她们干了半天活计，刚回到家里吃过午饭。有的还带着一

身黄土，有的<u>边走边吃着</u>东西。

　　（汉日对译语料库《金光大道》原文）

四、在说明某种方式时，使用"V 着"：

例句（135）中"买着穿"的"买着"，不是指"买"这个动作现在正在进行中，而是指"买"是所穿的鞋子的来源。

　　（135）随随是他收养的别人的孩子，窑里短个女人，日子穷半边，衣裳要求人缝，穿鞋要<u>买着穿</u>。

　　（汉日对译语料库《插队的故事》原文）

五、在推测说话者的主观判断时，使用"在 +V"：

　　（136）只见木板床上头朝里躺着一个老头，头上戴着小帽盔，额上蒙着一块白毛巾，身上盖着厚厚的棉被，痛苦地呻吟着，<u>好像在闹</u><u>什么急性传染病</u>。

　　（汉日对译语料库《青春之歌》原文）

六、当某个动作 / 事件实际上并未发生，但是其发生与持续是说话者所期待的情况时，使用"V 着"。此用法表示的是说话者的意愿，经常用在命令句中。

　　（137）"<u>你听着</u>！"祥子倒挂了气，"告诉先生快跑。"

　　（汉日对译语料库《骆驼祥子》原文）

以上的区别，"一""二"与"V 着""在 +V"的事态性、期间性有关；"三""四"与"着"的基本义"附着"意义有关；"五""六"与说话者的主观性有关。

从"一"可以看出，比起"在 +V"，"V 着"的期间性更强。

2. "正"对于时间表达的影响

本章第二节中曾经提到"正"与时间点有着密切的关联。从例句中，可以观察到"正"与"在"的连用形式"正在"，在用法上有着不一样的表现。

（138）a：有一回他在这屋里写东西，偶尔到那屋去找一本书，见那小保姆正在作一个舞蹈姿式，显然是从电视里学的，学得确实很到家。

（汉日对译语料库《插队的故事》原文，有删改）

　　　　b：有一回他在这屋里写东西，偶尔到那屋去找一本书，见那小保姆在作一个舞蹈姿式，显然是从电视里学的，学得确实很到家。

　　　　c：有一回他在这屋里写东西，偶尔到那屋去找一本书，见那小保姆正作一个舞蹈姿式，显然是从电视里学的，学得确实很到家。

（139）a：她已经拿下了硕士学位，正在攻读博士。

（汉日对译语料库《插队的故事》原文）

　　　　b：她已经拿下了硕士学位，在攻读博士。

　　　　c：她已经拿下了硕士学位，正攻读博士。

（140）a：她不但接引他们出世，还指导他们的父母，在有限的食物里，找出无限的滋养料。她正在造就无数的将来的民族斗士！

（汉日对译语料库《关于女人》原文）

b：* 她不但接引他们出世，还指导他们的父母，在有限的食物里，找出无限的滋养料。她<u>在造就无数的将来的民族斗士</u>！

c：* 她不但接引他们出世，还指导他们的父母，在有限的食物里，找出无限的滋养料。她<u>正造就无数的将来的民族斗士</u>！

（141）a：机器人<u>正在学会独立思考</u>。

（百度网例句）

b：* 机器人<u>在学会独立思考</u>。

c：* 机器人<u>正学会独立思考</u>。

在例句（138）（139）中，"正在"可以与"在""正"互换，几个句子都是成立的；而在例句（140）（141）中则不然。因此，"正在 +V"有着与"在 +V"单独使用时不一样的表达用法。如上文所述，"正"与时间点相关，"在 +V"有着一定的事态性与期间性。两者的连用形式"正在"，多数情况下可以与"正""在"互换。然而，在"造就"（育て上げる）、"学会"（ある知識や技能などを身につける）等动词或动词短语中，由于词义内部包含了某个长远的目标，因此句子中动作 / 事件的时间段发生了扩张，甚至延长到了时间轴上无限远的地方。这也从某个侧面反映出，"正在 +V"比起"在 +V"，有着更强的期间性，这也是"正"对于时间表达的一种影响。

三　汉语粤方言的进行体标记

从表 8 及上述分析中，可以看出汉语粤方言中的"V 紧"与"喺度 +V"

的区别。两者的使用差异主要集中在主体变化动词中。与"嘅度 +V"连用的动词，基本上都有着［＋动作］的特征。

以下例句为"V 紧""嘅度 +V"与变化动词的连用：

（142）a：楼价仲<u>升</u><u>紧</u>，半年后会贵过嗰家。

b：楼价仲<u>嘅度升</u>，半年后会贵过嗰家。

（143）a：阿妈<u>嚟</u><u>紧</u>。

b：＊阿妈<u>嘅度嚟</u>。

（144）a：A 只马终点前仲<u>赢</u><u>紧</u> B 只马，点知最后输咗。

b：＊A 只马终点前仲<u>嘅度赢</u> B 只马，点知最后输咗。

比起"嘅度 +V"，"V 紧"更加关注到达变化点之前的过程部分。另外，"V 紧"可以表示"变化的幅度"这一意义，而"嘅度 +V"却不能进行类似的表达。

（145）a：佢账面已<u>挣</u><u>紧</u> 615 万。

b：＊佢账面已<u>嘅度挣</u> 615 万。

因此，比起"嘅度 +V"，"V 紧"有着更强的事态性。

另外，在汉语粤方言中，有"V 住"这一时体标记。"住"在汉语粤方言中，可以作为动词、句末助词、结果补语、时体标记等来使用，"V住"中的"住"与动词连用的频率也不低。然而，如例句（146）所示，"V 住"一般不表示动词的进行体意义。

（146）a：我而家<u>食</u><u>紧</u>鸡尾包。

（香港文汇网例句）

   b：* 我而家<u>食住</u>鸡尾包。

  在动作 / 事件的 i 点与 j 点不明确（i 与 j 的时间间隔较长）时，可以使用"V 紧"与"V 住"，然而其提示的时间间隔有所差异。如果无视 i 点与 j 点，两者之间的间隔极其长（类似于某种长期状态）的情况下，使用"V 住"。例如：

  （147）a：我同太太过<u>紧休闲嘅</u>生活。
（香港文汇网例句）

   b：我同太太过<u>住休闲嘅</u>生活。

  （148）a：* 从此佢哋就过<u>紧幸福快乐嘅生活</u>。

   b：从此佢哋就过<u>住幸福快乐嘅生活</u>。

（谷歌网例句）

  例句（147）a 说明的是"现在的生活状态"，而（147）b 说明的是"从以前到现在为止的生活状态，而且，今后这样的生活状态还会持续下去"。（148）说明的是"这样的生活状态会永远延续下去"，故（148）a 不成立，（148）b 成立。

四　日语、汉语普通话、粤方言中进行体标记的事态性与期间性

  本小节主要分析日语、汉语（普通话及粤方言）中进行体标记的事态性与期间性。

根据上文第二节中的分析，汉语粤方言中的"V 紧"与主体变化动词连用时，除了可以表达变化的过程，还可以表达变化的幅度。另外，当"V 紧"与表示移动、输赢的主体变化动词等部分动词连用时，其关注焦点为变化的过程。

（149）汉语粤方言：◎ 我女婿<u>上紧</u>嘘，你冇得走。（表达将行与进行两种意义）

汉语普通话：* 我女婿<u>在上来</u>，你跑不掉的。

日语：○ 私の女婿は今<u>上へ行っている</u>よ。逃げられないよ。

从以上表达可以看出，在日语、汉语普通话、汉语粤方言的进行体标记中，汉语粤方言的进行体标记，有着较强的事态性。

日语的"シテイル"与心理动词连用时，可以表达"长期持续／长期状态"的意义。

（150）日语：◎ 三宅は革命を<u>志している</u>。（长期持续／长期状态）

（汉日对译语料库《青春の蹉跌》原文）

汉语普通话：* 三宅<u>在有志于</u>革命。

汉语粤方言：* 三宅<u>有志紧</u>革命。

从以上表达可以看出，在日语、汉语普通话、汉语粤方言的进行体标记中，日语的进行体标记，有着较强的期间性。

综上所述，从事态性与期间性的角度进行分析时，可以看到在日语、汉语（普通话及粤方言）之间，存在着以下的倾向：

事态性：汉语粤方言 $_{Max}$

期间性：日语 $_{Max}$

如图 25 所示：

图 25　日语、汉语（普通话及粤方言）的事态性与期间性倾向

第四节　"主体动作非过程性动词"的相关表达：
"进行体"抑或"反复体"

在本章第二节第二小节"与动词的连用情况"部分中，并没有分析主体动作非过程性动词与进行体标记的连用情况。理由为，主体动作非过程性动词与"シテイル""在 +V""V 着""嚟度 +V""V 紧"等时体标记的连用，不能说其表达的是典型的进行体意义。以下，以"蹴る / 踢"为例，分析主体动作非过程性动词与"シテイル"的连用情况。

（151）a：サッカー部員が<u>ボールを蹴っている</u>。

b：サッカー部員が<u>ご飯を食べている</u>。

例句（151）a、（151）b 在时间轴上的示意图如图 26 所示。

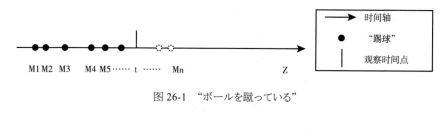

图 26-1 "ボールを蹴っている"

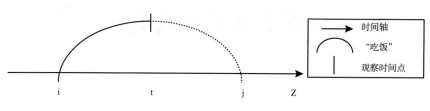

图 26-2 "ご飯を食べている"

图 26 例句（151）a 与（151）b 在时间轴上的图示

从图 26 中可以看到，"ボールを蹴っている / 在踢球"与"ご飯を食べている / 在吃饭"在时间轴上的图示，是有着显著差异的，这也说明这两个动作 / 事件有着不一样的特点。前者的图示，是一个同质动作的反复；而后者的图示，则是一个动作 / 事件的进行。这样的区别，与动词的属性本身有着很大的关联。

"蹴る / 踢"是一个主体动作非过程性动词，因此，当多个"蹴る / 踢"出现的时候，其图示呈点状线，观察时间点 =t（t 为 M_1 至 M_n 中的任意一点）时，"ボールを蹴っている / 在踢球"表达的是某一同质动作 / 事件的反复。"食べる / 吃"是一个典型的主体动作过程性动词，因此，当观察事件点 =t（i←t→j）时，"ご飯を食べている / 在吃饭"表达的是一个有着明确 i 点与 j 点的动作 / 事件的进行。

同质动作 / 事件的反复，在时体意义上与"反复体"这一时体范畴有关。接下来第四章中，将主要考察反复体的内容。

第四章

日语及汉语的反复体

第一节 反复体的特征及分类

一 反复体的特征

反复体是以反复出现的某个动作／事件作为考察对象的时体范畴，有着其他时体范畴所没有的、独特的两面性。对于这种两面性，工藤真由美（1995：147）有着如下的论述：

寺村秀夫 1984 が，「点の連続としての線」という空間的比喩を用いて説明していることからも分かるように，＜反復性＞は，＜パーフェクト性＞とは違ったかたちでの，運動の時間的展開の＜複合性＞とらえ方である。つまり，下位要素としての運動（sub-event）の1つ1つは，点として＜完成的＞に捉えつつ，同時に，その集合としての全体的運動（macro-event）は，時間的に限界づけないで（限界づけられない複数性として），線として＜継続的＞に捉えている。

工藤真由美（1995：147）

　　从以上论述中可知，反复体这一时体范畴，有着"点（$M_{i \to j}$）的完成性"与"线（$M_1 - M_2 - M_3 - \cdots\cdots - M_n - \cdots\cdots$）的持续性"。因此，在时间轴上，如刘鸿勇、张庆文、顾阳（2013）所指出的那样，要有多个离散的 $M_{i \to j}$ 不同时发生且不定量重复。动作 / 事件的反复如图27所示。

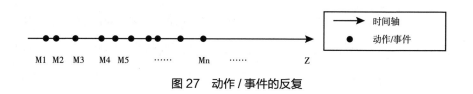

图27　动作 / 事件的反复

　　关于反复体的先行研究，日语方面主要有寺村秀夫（1984）、工藤真由美（1995）、孙佳音（2013）等，主要的关注点集中在进行体和反复体之间的关联上。汉语方面主要有钱乃荣（2000）、李宇明（2002）、陈前瑞（2008）等，研究对象主要集中在动词重叠形上。关于反复体的对照研究较少，主要有安平鎬·田惠敬（2008）的日韩对比研究，刘鸿勇、张庆文、顾阳（2013）的汉语、英语、彝语对比研究等。

　　在当前研究中，不同的专家学者虽然都使用"反复"这一术语，认同"反复"这一语义，但是对于反复体，主要在以下两个方面存在着分歧。

　　第一，对于反复体作为一个独立时体范畴的存在，有所争议。以日语的反复体为例，一些专家认同存在反复体这个时体范畴，例如工藤真由美（1995）总结出了日语的反复体标记；而一些专家例如孙佳音（2013）则认为日语中并没有专门的语法形式来表达"反复"这一意义，主要是通过词汇手段和语法手段的结合来实现此种意义的表达。对此，笔者的意见是，反复体这一时体范畴是存在的，然而在不同语言的时体意义范畴系统之中，不同的时体范畴有着不同的位置。进行体、结果体等时体范畴，是非常典型的时体范畴，存在于大部分语言之中，占据着时体范畴系统的中心位置；而反复体，则属于不典型的时体范畴，占据的是时体范畴系统的边缘位置。因此，在不同语言中，对于反复体的表达方式，在词汇手段和语法手段的运用程度和结合程度上，会出现一定的差异。有的语言，可以使用纯语法手段来表达反复体意义，而有的语言，则通过语法手段与词汇手段的综合运用来表达反复体意义。

第二，不同的学者对于"反复体"有着不同的理解。例如李宇明（2002）认为存在着精确的反复和模糊的反复；而根据工藤真由美（1995）和刘鸿勇、张庆文、顾阳（2013）等研究，李宇明（2002）所举例的"精确的反复"，比起反复性，更接近复数性，本质上并不属于反复的用法。笔者认同后一种意见，即反复性与复数性、集合性有所差异，应该将反复性跟复数性和集合性区别开来。持续性是反复体的主要属性，因此"精确的反复"应该归入"复数性"范畴而非"反复性"范畴。

综上所述，反复体是一种边缘的时体范畴，由多个离散的、不同时发生的、不定量重复的动作／事件构成；反复体具有其他时体范畴所没有的两面性，即"点的完成性"与"线的持续性"；其中，"线的持续性"是反复体的主要属性。

说到"多个"，很容易联想到"反复""复数""集合"等不同的概念。以下将举出几个例子，来分析反复性、复数性与集合性之间的区别。

（152）a：市内から市外へ逃げた重傷者は早く死に、市外から郡部へ逃げた被爆者は、昨日の晩あたりばたばた死んでいることが分る。

（汉日对译语料库《黒い雨》原文）

b：ふと見ると、泉水の隅でキャラの枝がのし出ている下に、一尺あまりの鯉や六寸七寸ぐらいの鮒が腹をふくらまして死んでいる。

（汉日对译语料库《黒い雨》原文）

　　c：ふと見ると、泉水の隅でキャラの枝がのし出ている下に、すべての魚が腹をふくらまして死んでいる。

　　例句（152）a 中"被爆者は、昨日の晩あたりばたばた死んでいる／被炸者昨晚陆续死去"，主语"被炸者"并不是同一时间死去的，而是陆陆续续死去的，这是一个具有反复性的例句。反复性的焦点主要集中在持续性上。例句（152）b 中"一尺あまりの鯉や六寸七寸ぐらいの鮒が腹をふくらまして死んでいる／一尺多长的鲤鱼与六七寸长的鲫鱼肚子圆鼓鼓地死了"，描写的不是一种鱼，而是两种鱼死了的场景，这是一个具有复数性的例句。复数性强调的是数量并非单数。例句（152）c 中"すべての魚が腹をふくらまして死んでいる／所有的鱼都肚子圆鼓鼓地死了"，是将"鱼"作为一个集合／集体来看待的，描写的是该集合中的所有成员都死了，这是一个具有集合性的例句。集合性的关注点是主语的集体性。

　　因此，反复体具有反复性，反复性与复数性、集合性不同，包含着某种两面性，由点的完成性与线的持续性构成，其主要属性为线的持续性。该特征与图 27 的图示是相符的。

二　反复体的分类

　　第三章中分析了（151）a "ボールを蹴っている／在踢球"与"ご飯を食べている／在吃饭"的区别。接下来，将分析（151）a 与（152）a 的关联与区别。两者在时间轴 Z 上的图示，如图 28 所示。

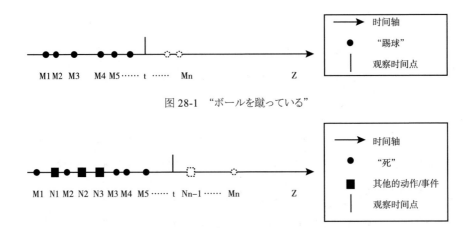

图 28-1 "ボールを蹴っている"

图 28-2 "被爆者は、昨日の晩あたりばたばた死んでいる"
图 28   例句（151）a 与（152）a 的图示

从图 28 中，可以看出例句（151）a 与例句（152）a 都可以表示反复体的意义。然而，两者的差异也是相当明显的，即从 M_1 到 M_2、M_2 到 M_3……$M_{(n-1)}$ 到 M_n 之间，能否插入其他的动作 / 事件 N_1、N_2……N_{n-1}。例句（151）a "ボールを蹴っている / 在踢球" 这一例句中，从 M_1 到 M_2、M_2 到 M_3……$M_{(n-1)}$ 到 M_n 之间，两个点之间的时间间隔较短，一旦插入了其他的动作 / 事件 N，则 M 作为一个整体的持续将会被中断。因此，此类动作 / 事件的反复较容易被直接观察到。而在例句（152）a "被爆者は、昨日の晩あたりばたばた死んでいる / 被炸者昨晚陆续死去" 中，M_1 到 M_2、M_2 到 M_3……$M_{(n-1)}$ 到 M_n 之间的时间间隔较长，因此哪怕其中插入了其他的动作 / 事件 N_1、N_2……N_{n-1}，也不会影响到 M 作为一个整体的持续。而由于此类动作 / 事件的内部，各个点（M_1、M_2、M_3……M_n）与相邻的点之间的时间间隔较长，此类动作 / 事件的反复较难被直接观察到。

在同一个时体范畴内部，是可以存在 [+ 可以插入其他动作 / 事件] [– 可以插入其他动作 / 事件]、[+ 容易被直接观察] [– 容易被直接观察] 的对立的，例如进行体中的事态进行体（[– 可以插入其他动作 / 事件]

［＋容易被直接观察］）与期间进行体（［＋可以插入其他动作／事件］［－容易被直接观察］）。因此，笔者参考进行体的分类，将反复体分成事态反复体与期间反复体。

事态反复体与期间反复体可以用以下方式来表达。

事态反复体：$H_{M1 \rightarrow M2 \rightarrow M3 \rightarrow \cdots \rightarrow Mn}$

观察时间点 t：$t=t_{Mh}$（h=1 $\longleftrightarrow$ n）

期间反复体：$H_{M1 \leftarrow N1 \rightarrow M2 \rightarrow N2 \cdots \rightarrow Nn \rightarrow Mn}$

观察时间点 t：$t=t_{Mh}/t_{Nh}$（h=1 $\longleftrightarrow$ n）

当前的先行研究，主要以期间反复体为研究对象对反复体进行考察，也因此出现上文所提及的词汇手段和语法手段的结合与综合运用。笔者认为这是由于期间反复体有着［－容易被直接观察］的特征，较难被直接观察到，因此为了在句中对期间相关的内容进行提示，才会使用词汇手段进行辅助的缘故。

第二节　日语及汉语的反复体

一　时体标记及分布位置

根据工藤真由美（1995）的研究，日语的反复体标记有"スル""シタ""シテイル""シテイタ"，可根据过去与非过去进行分类。例如：

（153）过去 a：あの頃は、栄養失調で子供がよく死んだ。

［工藤真由美（1995：40）例句］

过去 b：あの頃は、よく、人が結核で<u>死んでいた</u>。

［工藤真由美（1995：38）例句］

（154）非过去 a：この頃、ここでよく人が<u>死ぬ</u>。

［工藤真由美（1995：39）例句］

非过去 b：この頃、ここでよく人が<u>死んでいる</u>。

工藤真由美（1995）所举的例句，全部都是涉及期间反复体的例句。日语中事态反复体的标记，如上文所述，是与主体动作非过程性动词连用的"シテイル""シテイタ"。

接下来在当前先行研究的基础上，探讨汉语普通话中的反复体标记。

李宇明（2002）将动词的重叠形作为反复体标记进行了详细的考察，然而刘鸿勇、张庆文、顾阳（2013）在李宇明（2002）研究的基础上，指出并不是所有的动词重叠形都可以作为反复体标记进行使用。根据刘鸿勇、张庆文、顾阳（2013），动词重叠形"V 了又 V"及其变种"V 了一遍又一遍""V1 了又 V2，V2 了又 V1"是汉语普通话的反复体标记，这些形式，可以明确地表达反复体意义，例如：

（155）这首歌他<u>听了又听</u>。

［刘鸿勇、张庆文、顾阳（2013：29）例句］

（156）这首歌他<u>听了一遍又一遍</u>。

［刘鸿勇、张庆文、顾阳（2013：29）例句］

（157）<u>花开了又谢，谢了又开</u>。

［刘鸿勇、张庆文、顾阳（2013：30）例句］

以动词重叠形作为反复体标记对反复体进行考察的研究已然存在。接下来，将探讨汉语普通话中的另一个形式能否作为反复体标记进行使用。该标记，即上文提到的可以作为进行体标记进行使用的"在 +V"。

　　并非笔者最先提出"在 +V"可以表达反复体意义这一点。在当前的研究中，在分析"在 +V"的意义时，曾有学者提及该标记与反复体之间存在密切的关联。例如，劉綺紋（2006：299）中，就曾指出"在 +V"可以"点の事態と共起して、その事態を反復する過程として捉えることがある"，例如：

　　　　（158）鸡在死。

　　　　［劉綺紋（2006：299）例句］

　　　　（159）鸡不断地在死。

　　　　［劉綺紋（2006：299）例句］

　　劉綺紋（2006）在研究中举出了例句（158）（159），然而并没有深入地探讨"在 +V"与反复体之间的内在关联。接下来就此点进行进一步的探讨。

　　笔者将"在 +V"作为关键词在汉日对译语料库及网络中进行检索，发现在下列例句中，"在 +V"的意义较难解释为进行体意义，例如：

　　　　（160）我托着布包，手在抖，心在颤。

　　　　（汉日对译语料库《轮椅上的梦》原文）

　　　　（161）有人在使劲儿地敲门！

　　　　（汉日对译语料库《轮椅上的梦》原文）

　　　　（162）外面没有响声，钟摆有规律地在摇动。

　　　　（汉日对译语料库《家》原文）

（163）四川有一座雨城，<u>一年有 250 多天在下雨</u>。

（百度资讯网例句）

（164）我翻了一下笔记本，有一个月，<u>我有 21 天在开会、在汇</u>
<u>报、在迎接检查</u>……

（百度网例句，来源为杂志《农家参谋》）

（165）<u>我每天都在服刑，每日都在受罪</u>，天地君亲都向我施加了
酷刑。

（汉日对译语料库《活动变人形》原文）

（166）但因（游民）<u>天天在战斗</u>，伤亡又大，游民分子却有战斗
力，能找到游民补充已属不易。

（汉日对译语料库《毛泽东选集》第一卷原文）

分析以上例句，可知这些例句中"在 +V"的"在"较难作为表达进
行体（事态进行体抑或期间进行体）意义的时体标记进行解释。

此处例句（160）~（166）中，表达的是同一动作 / 事件的反复，在
时间轴 Z 上的图示将呈现为由零散点所构成的线条。例句（160）~（162），
与事态反复体的特征［－可以插入其他动作 / 事件］［＋容易被直接观察］
相吻合，这些例句中的动词与例句（151）a 中的"蹴る / 踢"一样，都属
于主体动作非过程性动词。例句（163）~（166）中的动作 / 事件都是在一
定期间内不定期的多个时间点上反复出现的，例如例句（163）中的"一
年有 250 多天在下雨 / 一年間 250 日くらい雨が降っている"，"一年 / 一年
間""250 多天 / 約 250 日余り"等语言成分都揭示了该动作 / 事件是有限
区间内由不明确的离散点所构成的线。例句（163）~（166）中，使用了
表达期间意义的"~天""每日都""天天"等词。

因此，笔者总结，如果满足了一定的条件，汉语普通话中的"在 +V"

可以表达反复体意义。该条件为下面两者之一：

一、与主体动作非过程性动词连用；

二、与表达期间的词汇手段连用。

另外，"在 +V"在表达反复体意义时，其适用范围与关注点与动词重叠形相比有着一定的差异。

在适用范围上，有着如下差异：

（167）a：你是谁，把门敲了又敲。

（汉日对译语料库《活动变人形》原文）

b：* 你是谁，把门在敲。

（168）a：倩如拿着剪刀得意地把文的头发修了又修。

（汉日对译语料库《家》原文）

b：* 倩如拿着剪刀得意地把文的头发在修。

动词重叠形可以与"把"字句、"被"字句连用，而"在 +V"一般没有这样的表达。

在关注点上，有着如下差异：

（169）a：你是谁，把门敲了又敲。

（汉日对译语料库《活动变人形》原文）

b：你是谁，一直在敲门。

（170）a：一九六一年他得到了一个机会在高价的高级饭馆吃饭。

他吃了又吃，吃了又吃，吃了又吃。

（汉日对译语料库《活动变人形》原文）

　　b：一九六一年他得到了一个机会在高价的高级饭馆吃饭。

　　他一直在吃。

　　c：一九六一年他得到了一个机会在高价的高级饭馆吃饭。

　　他特别高兴，毕竟他天天在吃食堂的饭，从来没去过高

级饭馆。

　　例句（169）中的动词为非过程性动词"敲／ノックする"，（169）a与（169）b都可以表达事态反复体的意义。例句（169）a的关注点在于一遍一遍地敲门，而（169）b的关注点则在于反复敲门的整体动作上。

　　例句（170）的动词为过程性动词"吃／食べる"。同样是得到一个在价格昂贵的高级饭馆里吃饭的机会，例句（170）a中的主语"他"是吃了第一轮之后，哪怕是吃了平时饭量相当的饭菜感到非常快乐，由于这样的机会十分难得所以继续进食。之后，哪怕肚子饱了也没有放弃继续吃下去。句中的"吃了又吃"表达的是"吃→休息→吃→休息→吃……"这样的过程，表达的是事态反复体的意义，而"吃了又吃"本身又重复了三次，更加强了反复的意义。例句（170）b中，主语的"他"一直不停地在吃，表达的是事态进行体的意义。（170）c中的"他"，每天吃的是食堂的饭菜，第一次来到花费不菲的高级餐厅用餐，感到非常快乐。这里的"天天在吃食堂的饭"中，"天天"提示了时间，这里表达的是期间反复体的意义。

　　从例句（169）（170）中可知，在表达反复体这一时体意义时，动词的重叠形更关注点的完成性，可以明确地表示一个动作／事件（一个点）的终结，可以跟主体非过程性动词与主体过程性动词连用。"在+V"在与过程性动词连用时，优先表达进行体意义；只在特定情况下，才表达反复

体意义。因此，在汉语普通话中，反复体的主要形式是动词的重叠形及其变体，次要形式是"在 +V"。

此外，由于"在 +V"是进行体标记之一，接下来将讨论其他进行体标记能否表达反复体意义。

首先是事态进行体。

（171）水车"叮咚叮咚"地<u>响着</u>，好象给挑担送饭的女孩子<u>敲着鼓点</u>。

（汉日对译语料库《金光大道》原文）

（172）他抬起头，看到墨蓝的天空里，星星快乐地<u>闪烁着</u>，像放光的宝石。

（汉日对译语料库《轮椅上的梦》原文）

如例句（171）（172）所示，"V 着"可以与主体动作非过程性动词连用。"V 着"可以表达"动作 / 事件正在持续"的意义，与事态反复体[+ 具体][− 中断][+ 可以直接被观察]的特征并不冲突，存在同现的可能性，可以作为事态反复体的标记进行使用。

接下来是期间反复体。将例句（163）~（166）中的时体标记进行更换，进行适当的修改后，得到例句如下。

（173）* 四川有一座雨城，<u>一年有 250 多天下着雨</u>。

（174）* 我翻了一下笔记本，有一个月，<u>我有 21 天开着会、汇报着、迎接着检查</u>……

（175）我每天都<u>服着刑</u>，每日都<u>受着罪</u>，天地君亲都向我施加了酷刑。

（176）但因（游民）天天<u>战斗着</u>，伤亡又大，游民分子却有战斗力，能找到游民补充已属不易。

在上面的几个例句中，例句（173）（174）不成立，例句（175）（176）成立。在"V 着"表达期间反复体意义时，一般不表达"有限区间内的不明确反复"的意义，因此存在着一定的限制。上文曾分析过"V 着"的持续性，根据表 10，"V 着"的持续性有着非终结的视点，内部时间结构是无界的。反复体与持续性之间其实有着密切的关系，持续性是反复性两面性中的主要属性，因此"V 着"在持续性上的特征也对其反复体表达产生了一定的影响。

因此，"V 着"这一形式与"在 +V"一样，并不是汉语普通话反复体的主要形式，而是其次要形式。并且在反复体表达的次要形式中，"在 +V"的地位更为中心化。此外，由于"在 +V"与"V 着"在句中占据着不一样的位置，两者的混合形式"在 +V 着"也可以表示反复的意义。由于"V 着"的影响，该形式一般也不表达"有限区间内的不明确反复"这一意义。以下为相关例句：

（177）水车<u>在"叮咚叮咚"地响着</u>，好像<u>在给挑担送饭的女孩子敲着鼓点</u>。

（178）我<u>每天都在服着刑</u>，<u>每日都在受着罪</u>，天地君亲都向我施加了酷刑。

汉语粤方言的进行体标记为"V 紧"与"喺度 +V"。接下来将结合例句，看这两个标记能否表达反复的意义，例如：

（179）a：我谂，你踢紧棵枯树啊。

　　　　b：我谂，你喺度踢棵枯树啊。

　　　　c：我谂，你喺度踢紧棵枯树啊。

（谷歌网例句）

（180）a：朱生话见到「栋楼郁紧」。

（香港文汇网例句）

　　　　b：朱生话见到「栋楼喺度郁」。

　　　　c：朱生话见到「栋楼喺度郁紧」。

（181）a：珊瑚死紧点解要尽快攞走?

（谷歌网例句）

　　　　b：* 珊瑚喺度死点解要尽快攞走?

　　　　c：* 珊瑚喺度死紧点解要尽快攞走?

（182）a：成日喺度呃 Like，畀个嬲你就差唔多。

（谷歌网例句）

　　　　b：* 成日呃紧 Like，畀个嬲你就差唔多。

　　　　c：* 成日喺度呃紧 Like，畀个嬲你就差唔多。

　　例句（179）（180）表达的是事态反复体意义，例句（181）（182）表达的是期间反复体意义。

　　例句（179）（180）的动词是主体动作非过程性动词"蹴る／踢／踢""動く／动／郁"。例句（179）中说话人看到了听话人"反复踢一棵枯树"。例句（180）中"朱先生"遇到了地震，目击了"建筑物反复震动"这一事实。其中（180）a、（180）b、（180）c 三个句子都成立，因此，汉语粤方言中的"V 紧""喺度 +V"以及两者的混合形式"喺度 +V 紧"可以表达事态反复体的意义。

从例句（181）（182）中可以看出，在"V紧""喺度+V"在表达期间反复体意义时，存在着不同的限制。例句（181）中"珊瑚死紧"这一动作/事件，只能与"V紧"连用。例句（182）中的"成日喺度呃Like"，说的是某个人整天从其他网友那里骗点赞的这一动作/事件，与汉语普通话相似，与表达时间间隔的词"成日"连用。这个时候，不能与"V紧"连用，只能与"喺度+V"连用。

另外，根据表5，汉语粤方言中的惯常体标记为"V开"。"惯常"这一意义，指的是"一定频率反复出现的某种动作/事件"，只能用于有生命之物，而不能用于无生命之物。"V开"的意义是"某个动作/事件从过去至今经常发生，今后也会继续发生"。当前研究中将"V开"与反复体一起进行考察的研究较少。事实上，惯常体与反复体的关系也十分密切，因为在"惯常"的定义中本身就包含了一定的反复，换句话说，没有反复，就没有惯常，反复是惯常发生与出现的前提。因此，笔者认为可以将惯常体作为一种特殊的期间反复体来进行研究与讨论，例如：

（183）我用开呢个牌子嘅牙膏。

（香港文汇网例句）

（184）你食开咩药?

（香港文汇网例句）

因此，在汉语粤方言中，事态进行体的标记为"V紧""喺度+V"及其混用形式"喺度+V紧"。期间反复体的标记为"V紧""喺度+V""V开"。

综上所述，日语、汉语（普通话及粤方言）的反复体标记，可以分为事态反复体标记以及期间反复体标记，具体情况如表11所示。

表 11　日语、汉语（普通话及粤方言）的反复体标记

反复体	日语	汉语			
		普通话			粤方言
		主要形式		次要形式	
		动词重叠形	动词重叠形的变种		
事态反复	シテイタ シテイル	V了又V		在+V V着	V紧 嘟度+V
期间反复	シタ スル シテイタ シテイル		V了一遍又一遍 V1了又V2，V2了又V1		V紧 嘟度+V V开

二　与动词的连用情况

在上节对反复体标记的探讨中，有部分涉及反复体标记与动词的连用情况，接下来将围绕这个问题进行更为全面的探讨。日语、汉语（普通话及粤方言）中反复体标记与动词的连用情况，如表12所示。

表 12　日语、汉语（普通话及粤方言）的反复体标记与动词的连用情况

动词分类			日语		汉语					
					普通话			粤方言		
			シテイル シテイタ	スル シタ	V了又V 及其变体	在	着	紧	嘟度	开
动态动词	主体动作	①［-过程性］	○		○	○	○	○		
		②［+过程性］	●	●	◎	●	●		●	◎
	主体变化	③［-过程性］	○		○	○		○		
			●	●	◎	●			●	
		④［+过程性］	●		◎					◎
	⑤主体动作主体姿势变化		●							
	⑥主体动作主体变化（穿戴）		◎		◎					◎
	⑦主体动作客体变化		○	○	○					
			◎	◎	◎					◎

续表

动词分类		日语		汉语					
		シテイル シテイタ	スル シタ	普通话			粤方言		
				V了又V 及其变体	在	着	紧	喺度	开
心理动词	⑧思考活动	◎	◎	◎	◎	◎		◎	
	⑨感情变化	◎	◎		◎	◎		◎	
	⑩感觉知觉								
	⑪心理状态								
⑫静态动词									

符号说明：

○：可连用，表事态反复体意义。

◎：可连用，表期间反复体意义。

●：可连用，可以表期间反复体意义，然而有一定的连用条件。

以下将对表 12，按照动词类别逐一进行说明。

①主体动作非过程性动词

主体动作非过程性动词与"シテイル""在 +V""V 着""V 紧""喺度 +V"等标记连用时，与其他动词跟这些标记连用时所表达的意义不同，会出现较为特别的"同质动作一体化"的表达。"同质动作一体化"的本质，是同一个动作的反复。这样的本质，在与汉语普通话"V 了又 V"连用时表现得更加明显。例如：

日语：

（185）サッカー部員がボールを蹴っている。

汉语普通话：

（186）a：你是谁，把门敲了又敲。

（汉日对译语料库《活动变人形》原文）

　　b：你是谁，把门敲了<u>一遍又一遍</u>。

　　c：你是谁，<u>一直</u>在<u>敲</u>门。

　　d：你是谁，<u>一直敲着</u>门。

汉语粤方言：

（187）a：我谂，你<u>踢紧</u>棵枯树啊。

　　　b：我谂，你<u>喺度踢</u>棵枯树啊。

由于主体动作非过程性动词有着［＋动作］［－过程性］的特征，此类动词是典型的可以表达事态反复体意义的动词。

此外，还有一点需要进行说明。汉语粤方言中，虽然"V紧""喺度＋V"两者都可以与主体动作非过程性动词连用，当与"直"（一直／ずっと）等副词连用时，一般不使用"V紧"。其理由，将在本章第三节中介绍"V紧"的事态性对反复体表现的影响时进行讨论。

（188）a：＊你<u>直踢紧</u>棵枯树做咩啊？

　　　b：你<u>直喺度踢</u>棵枯树做咩啊？

②主体动作过程性动词

主体动作过程性动词，由于有着［＋过程性］的特征，除了与能够明确"点的完成性"的标记运用的情况外，较少表示事态反复体意义。在特定条件（上下文中提示了时间间隔）下，可以表示期间反复体意义，例如：

日语:

（189）a：菊の葉や柿の若葉の天麩羅なら戦争このかた<u>何度か食べ</u>
<u>ている</u>。

（汉日对译语料库《黒い雨》原文）

b：菊の葉や柿の若葉の天麩羅なら戦争このかた<u>何度か食べる</u>。

汉语普通话:

（190）a：一九六一年他得到了一个机会在高价的高级饭馆吃饭。
<u>他吃了又吃，吃了又吃，吃了又吃</u>。

（汉日对译语料库《活动变人形》原文）

b：一九六一年他得到了一个机会在高价的高级饭馆吃饭。
他特别高兴，毕竟他<u>天天在吃食堂的饭</u>，从来没去过
高级饭馆。

c：一九六一年他得到了一个机会在高价的高级饭馆吃饭。
他特别高兴，毕竟他<u>天天吃着食堂的饭</u>，从来没去过高
级饭馆。

汉语粤方言:

（191）a：我老婆<u>日日喺度蒸桑拿</u>，等我都试下先。

（谷歌网例句）

b：我老婆<u>蒸开桑拿</u>，等我都试下先。

由于主体动作过程性动词表示反复体意义时必须满足某些特定条件，
因此在汉语粤方言中，一般与"喺度 +V""V 开"连用，表达反复体意义。
跟主体动作非过程性动词一样，"V 紧"一般不跟"日日""成日"等表示

期间的词连用。例如，下面的例句（192）根据例句（191）a 修改而成，该例句不成立。

（192）* 我老婆<u>日日</u>蒸紧桑拿，等我都试下先。

③ 主体变化非过程性动词

主体变化非过程性动词在特定条件（主语为复数或集合 / 集体）下，可以表示反复体意义，表示该变化 / 事件反复发生。例如：

日语：

（193）流星陣が空中でつぎつぎに<u>爆発している</u>。

（YAHOO! 网例句）

（194）a：あの頃は、栄養失調で子供がよく<u>死んだ</u>。

［工藤真由美（1995：40）例句］

　　　　b：あの頃は、よく、人が結核で<u>死んでいた</u>。

［工藤真由美（1995：38）例句］

　　　　c：この頃、ここでよく人が<u>死ぬ</u>。

［工藤真由美（1995：39）例句］

　　　　d：この頃、ここでよく人が<u>死んでいる</u>。

汉语普通话：

（195）a：贾母因笑道："怪道昨儿晚上灯花<u>爆了又爆，结了又结</u>，原来应到今日。"

［古代汉语语料库 曹雪芹（清朝）小说《红楼梦》例句］

　　　　b：贾母因笑道："怪道昨儿晚上灯花<u>一直在爆，一直在结</u>，原来应到今日。"

（196）a：鸡<u>死了又死</u>。

　　　b：鸡<u>在死</u>。

［劉綺紋（2006：299）例句］

汉语粤方言：

（197）火烛呀，<u>爆紧炸</u>，快啲走啦！

（香港文汇网例句）

（198）珊瑚<u>死紧</u>点解要尽快攞走？

（谷歌网例句）

关于主体变化非过程性动词的反复体表达，有以下几点需要进行说明。

第一，主语一般为表示复数或者集体／集团的名词。例如例句（193）（194）（196）的主语为复数名词"流星雨""孩子们""人们""鸡"，例句（195）（198）的主语为表示集体／集团的名词"灯花""珊瑚"。例句（197）在句中没有主语，但是根据上下文"爆炸"的主语是"位于当前起火处的一些易燃易爆物品"，可以推测其为复数。

第二，主体变化非过程性动词的反复体表现，有事态反复体［如例句（193）（195）（197）所示］与期间反复体［如例句（194）（196）（198）所示］两种类型。诸如"爆発する／爆炸"这样的变化在连续发生的时候，一般 M_1、M_2……M_n 之间是不中断的；而诸如"死ぬ／死"这样的变化，即使 M_1、M_2……M_n 之间有所中断，也是可以成立的。

第三，在汉语普通话的反复体次要形式中，主体变化非过程性动词只能与"在+V"连用。粤方言中，主体变化非过程性动词只能与"V 紧"连用。笔者认为这种现象跟主体变化非过程性动词的［＋变化］［－过程性］的特征是有关系的。

（199）＊鸡<u>死着</u>。

［劉綺紋（2006：299）例句］

（200）a：＊火烛呀，<u>喺度爆炸</u>，快啲走啦！

　　　　b：＊火烛呀，<u>爆开炸</u>，快啲走啦！

另外，虽然在汉语粤方言中"死开""爆开"这样的说法是成立的，但是表达的并不是反复体意义，而是其他意义。在汉语粤方言中，"V 开"除了可以表达时体意义外，还可以作为结果补语来使用。例如在让听话者远离自己、表达厌恶之心的"死开"中，"开"表示的是"离开""走开"的含义；而表达爆炸瞬间爆炸力扩散的"爆开"中的"开"，表示的是"从某一点向四周扩散"的含义。

④主体变化过程性动词

主体变化过程性动词，有着［＋变化］［＋过程性］的特征，笔者认为，比起表达"点の連続としての線"（寺村秀夫，1984）的反复体意义，其优先表达进行体意义。但在汉语普通话中，由于"V 了又 V"这一形式更关注"点的完成性"，因此与主体变化过程性动词连用时，可以表达反复体意义，但是此时比起"由连续的点所构成的线"，说成是"由连续的线段所构成的线"更为恰当，例如：

（201）猪肉价格<u>涨了又涨</u>。

另外，本书第三章中提到了表示移动和输赢的主体变化动词在日语、汉语（普通话及粤方言）中的区别。这两类动词，在日语和汉语粤方言中，可以归类为过程性动词，而在汉语普通话中，则可以归类为非过程性动词。因此，对于这两种特殊的主体变化动词，一并在此处进行分析。

表示移动的主体变化动词，可以表达反复体意义，与之连用的时体标记，日语中为联合表达期间的词汇手段共同使用的"シテイル"形，汉语普通话中为"V 了又 V"，汉语粤方言中为"V 开"，例如：

（202）日语：日本が好きでよく来ている。

（Yhaoo! ニュース例句）

（203）汉语普通话：让七成客户来了又来，老胡有啥经营秘诀?

（百度网例句）

（204）汉语粤方言：同朋友嚟开呢头附近做义工。

（谷歌网例句）

在日语与汉语普通话中，表达输赢的主体变化动词可以与时体标记连用，表达反复体意义。与之连用的时体标记，日语中为联合表达期间的词汇手段共同使用的"シテイル"形，汉语普通话中为"V 了又 V"与"在 V"，例如：

（205）日语：

同じ店でいつも同じお客さんが勝っているのはサクラなのか?

（Yhaoo! 例句）

（206）汉语普通话：

a：A 厉害了，赢了又赢。

b：A 厉害了，一直在赢。

　　另外，在汉语粤方言中，虽然"赢开""输开"等说法是成立的，但是表达的不是反复体意义，而是"开始"的"始继体"意义，即表5中"V开₂"的用法，表示的是"某一动作／事件的开始"这一意义。

　　⑤主体动作主体姿势变化动词

　　主体动作主体姿势变化动词，一般不表示反复体意义。原因是一个人的姿势，很难发生多次反复的同样的变化。但是在汉语粤方言中，"V开"可以与此类动词连用，表示"某种习惯或偏好"的意义，如"习惯站立的位置""习惯使用的座位"等，例如：

　　（207）我<u>坐开呢个位</u>嘅。

　　⑥主体动作主体变化（穿戴）动词

　　主体动作主体变化（穿戴）动词，在特定的条件（表达期间意义的上下文）下，可以表达反复体意义。例如：

日语：

　　（208）この学生のことは誰もよく知らない。丸刈りで、<u>いつも学生服を着ている</u>。名前も知らないし、どの部屋に住んでいるのかもわからない。

　　（汉日对译语料库《ノルウェイの森》原文）

　　（209）<u>いつも黒のダブルの背広を着、ふちなしの眼鏡をかけている</u>が、風采はどうみても美術商とはみえず、英国風というか、洋行帰りの格調高い紳士のようにみえる。

　　（汉日对译语料库《越前竹人形》原文）

汉语普通话：

（210）A牌礼服裙大家为什么<u>穿了又穿</u>？

（百度资讯网例句）

（211）这五双鞋最伤脚，女孩儿们却<u>天天在穿</u>！

（百度资讯网例句）

日语例句（208）（209）介绍的是主人公经常穿着的服装、戴的眼镜等外在穿戴姿态与穿戴习惯。汉语普通话（210）强调的是穿某个牌子礼服裙的次数很多，例句（211）介绍的是某种穿戴方面的习惯。

在汉语普通话中，主体动作主体变化（穿戴）动词与"V着"连用时，优先表达结果体意义，例如：

（212）白莉苹看着余永泽<u>总穿着长袍大褂</u>像个学究，就一直称呼他老夫子。（汉日对译语料库《青春之歌》原文）

例句（212）中虽然包含表示频率的副词"总"，然而比起表达反复体意义，该句表达的是"穿着某类服饰的样子"的结果体意义。

在汉语粤方言中，如下文例句（213）所示，"V紧"与主体动作主体变化（穿戴）动词连用时，在无标记的情况下表达进行体意义［例句（213）a］，在宾语为某个特定对象的情况下可以表达结果体意义［例句（213）b］，在句中与表示期间或频率的词连用时可以表达反复体意义［例句（213）c］。"喺度+V"与主体动作主体变化（穿戴）动词连用时，只表达进行体意义，不表达结果体或反复体意义。虽然例句（214）b成立，然而该句中"喺度"表达的不是时体意义，而是"在这里"的"处所"意义。如例句（215）所示，

"V 开"与主体动作主体变化（穿戴）动词连用时，表示的是某种穿着方面的偏好。

"V 紧"：

（213）a：等阵。我<u>着紧鞋</u>啊。　　　　　　　　（事态进行体）

　　　　b：你觉得我<u>着紧</u>呢对鞋点啊？　　　　　（结果体）

　　　　c：我宜家<u>日日</u>都<u>着紧</u>呢对鞋。

（谷歌网例句）　　　　　　　　　　　　　　　　　（反复体）

"喺度 +V"：

（214）a：等阵。我<u>喺度着鞋</u>啊。　　　　　　　（事态进行体）

　　　　b：你觉得我<u>喺度着</u>呢对鞋点啊？　　　　（一般叙述句）

　　　　c：* 我宜家<u>日日</u>都喺度着呢对鞋。

"V 开"：

（215）a：我<u>着开</u>呢对鞋嘅。

　　　　b：我<u>着开</u>呢牌子嘅鞋嘅。

⑦主体动作客体变化动词

　　无论是在日语中还是在汉语（普通话、粤方言）中，有着［＋动作］这一特征的主体动作客体变化动词与时体标记连用时，是可以表达反复体意义的，例如：

日语：

<u>"移动变换"</u>

（216）子供は壁に<u>シールを貼っている</u>。

"消除脱落"

（217）子供は壁から<u>シールを剥いでいる</u>。

"依附添加"

（218）緊急対応として、<u>何度も生活物資を運んでいる</u>。

（Yhaoo! ニュース例句）

"所有关系变化"

（219）あなたが通販で、<u>定期的に買っているもの</u>は何ですか？

（Yhaoo! 例句）

"状态变化"

（220）<u>何度も修理している</u>のに雨漏りが止まらない。

（Yhaoo! 例句）

例句（216）（217）中，"シールを貼る／贴贴纸"" シールを剥ぐ／撕贴纸"等动作的起始时间点 i 与终结时间点 j 之间的时间差较短，因此将"シールを貼っている""シールを剥いでいる"解释为事态反复体是比较合理的。例句（218）~（220）表达的是期间反复体的意义。

汉语普通话：

"移动变换"

（221）<u>孩子一直在往墙上贴贴纸</u>。

（222）a：墙纸<u>贴了又贴，撕了又撕</u>，浪费啊！

（百度网例句）

　　　b：<u>她天天在贴墙纸，撕墙纸</u>，浪费啊！

"消除脱落"

（223）孩子<u>一直在</u>撕墙上的贴纸。

（224）a：墙纸<u>贴了又贴，撕了又撕</u>，浪费啊！

　　　　b：她<u>天天在</u>撕墙纸，贴墙纸，浪费啊！

"依附添加"

（225）a：二十多年，家<u>搬了一次又一次</u>。

（百度网例句）

　　　　b：二十多年，<u>一直在</u>搬家。

"所有关系变化"

（226）a：每个人都来推荐自己<u>买了又买</u>的东西吧。

（百度网例句）

　　　　b：每个人都来推荐自己<u>一直在</u>买的东西吧。

"状态变化"

（227）a：我的文章，这一段<u>改了又改</u>。

　　　　b：我的文章，这一段<u>天天在</u>改。

在汉语普通话中，"V 了又 V""在 +V"与主体动作客体变化动词连用时，可以表达反复体意义。例如上文例句（221）~（227）中，例句（221）（223）表达的是事态反复体意义，其他例句表达的是期间反复体意义。

此外，由于"移动变换"类动词与"消除脱落"类动词的意义是对立的，因此这两类动词常常出现在"V 了又 V"的变种"V1 了又 V2，V2 了又 V1"形式之中，例如：

（228）墙纸<u>贴了又撕，撕了又贴</u>，浪费啊！

汉语粤方言：

"移动变换"

　　（229）a：个小朋友<u>黏紧</u>胶纸玩。

　　　　　　b：个小朋友<u>一直喺度黏</u>胶纸玩。

"消除脱落"

　　（230）a：个小朋友<u>搣紧</u>胶纸玩。

　　　　　　b：个小朋友<u>一直喺度搣</u>胶纸玩。

"依附添加"

　　（231）呢廿几年，我哋屋企<u>一直喺度搬</u>屋。

"所有关系变化"

　　（232）大家<u>买开</u>咩牌子嘅衫？

　　（谷歌网例句）

"状态变化"

　　（233）我篇文章，呢段<u>日日喺度改</u>。

例句（229）~（233）中，例句（229）（230）中的"移动变换"类动词、"消除脱落"类动词可以跟"V紧""喺度+V"形式连用，表达反复体意义。其他的例句表达的是期间反复体意义。在表达期间反复体意义时，"所有关系变化"类动词只能与"V开"连用，"依附添加"类动词、"状态变化"类动词只能与"喺度+V"连用。

⑧~⑪ 心理动词

一部分心理动词，可以表达反复体意义，例如：

⑧思考活动动词

日语：

（234）それから惨酷な冷たい人間は嫌いだ。いつも損をしない ことばかり考えているものも嫌いだ。

（汉日对译语料库《友情》原文）

（235）彼はいつもそこに腰掛け、ボーッと考え事をしている。

（汉日对译语料库《五体不満足》原文）

汉语普通话：

（236）他想了又想，忽又流下泪来，大声说道……

（汉日对译语料库《呐喊》原文）

（237）婴儿每天都在想什么呢？

（百度网例句）

汉语粤方言：

（238）BB 仔日日喺度谂咩？

⑨感情变化动词

日语：

（239）学校では、先生にあてられはしないが、質問されはしないかといつもびくびくしている。

（汉日对译语料库《ひとりっ子の上手な育て方》原文）

（240）神経質で落ち着きがない、細かい点にくよくよと気を使い、いつもそはそはしている、集中力がない。

（汉日对译语料库《ひとりっ子の上手な育て方》原文）

汉语普通话：

（241）拍电影时每天都在担心他。

（百度网例句）

汉语粤方言：

（242）拍电影果阵日日都喺度担心佢。

在汉语普通话中，"V了又V"形极少与没有明确终结时间点 j 的心理动词连用。在汉语粤方言中，由于心理活动及情感变化较难出现一定频率的反复进而形成习惯或偏好，因此"V开"一般不与心理动词连用。

三　与词汇手段的结合程度

前文已论述了反复体表达，特别是期间反复体的相关表达与词汇手段之间存在密切关联的必要性。对于期间反复体而言，词汇手段是揭示期间的重要工具。

孙佳音（2013）曾这样总结日语表达反复意义的非语法手段：①借助语境表示反复；②借助时间名词（短语）表示反复；③借助场所名词表示反复；④借助时间副词表示反复。

对于这几种非语法手段，笔者认为，其中的"①借助语境表示反复"，语境其实是一种较为不稳定的条件与手段；而"③借助场所名词表示反复"，孙佳音（2013：87）就曾指出这种手段在数量和种类上的局限性，"一般表示动作主体周期性滞留的场所……表明动作主体位于该场所时就会进行某种行为，那么动作主体周期性地存在于该场所，也就会周期性地发生该行为。究其根源，该用法……实质上暗示了动作的时间"。因此笔者认为，"③借助场所名词表示反复"这一种手段，其实是

将"周期性滞留于某场所"与动作发生的时间频率关联起来，从而指向
"①借助语境表示反复"，场所名词本身是无法进行"反复"这一意义的
表达的。

对从汉日对译语料库中收集所得的语料的分析结果与孙佳音（2013）
的研究是相符的，此外，语料显示特定组合"〜たり〜たり"也可以表示一
定的反复体意义。

因此，如表 13 所示，可以揭示期间的稳定的词汇手段有：

①时间名词 / 时间名词短语；

②时间副词；

③特定组合。

表 13　日语中提示"期间"的词汇手段

词汇手段	例
时间名词 / 时间名词短语	每〜 〜週〜度 / 回、〜日〜度 / 回 〜時、〜頃、〜場合
时间副词	高频率：よく、頻繁に 中频率：しばしば、たびたび、時々 低频率：たまに、まれに
特定组合	〜たり〜たり

在日语与汉语之中，都存在时间名词与时间副词。接下来将对时体标
记与语法手段的结合情况进行考察与分析。

以表 13 中所列举的词汇手段作为关键词在汉日对译语料库中进行
搜索，得到日语语料 241 条及其汉语普通话对译语料。日语与汉语的对
译语料使用的词汇手段与语法手段的统计结果，如表 14、表 15、表 16
所示。

表 14　日语及汉语期间反复体对译语料中的时间名词/时间名词短语

日语语料					汉语普通话对译语料	
词汇手段	语法手段				词汇手段	语法手段
	テイル	テイタ	スル	シタ		
每~	36	4	0	7	每~（44）、都（13）、总（1）、天天（1）、挨家（1）、习惯用法（1）	在+V（1）
~週~度/回 ~日~度/回	2	2	4	3	~天~（量词）（6）、每~（5）、一 ~（1）、都（1）、总（1）一直（1）、经常（1）、~时候起（1）	
~時/頃/場合	3	4	1		净（1）	

表 15　日语及汉语期间反复体对译语料中的时间副词

日语语料						汉语普通话对译语料	
词汇手段 （按频率分类）		语法手段				词汇手段	语法手段
		テイル	テイタ	スル	シタ		
高	よく 頻繁に	0	1	3	5	常常（4）、往往（2）、有时（1）、都（1）	
中	しばしば たびたび 時々	6	5	30	44	常常（20）、经常（19）、不时（8）、往往（6）、时常（5）、常（3）、都（2）、多次（2）、反复（2）、总是（2）、时不时（1）、时时（1）、有时（1）、不住（1）、频繁（1）、平时（1）、很多（1）、屡次（1）、不停地（1）、不断地（1）、每~（1）、频（1）、再三（1）、有的时候（1）、经常性的（1）、屡次（1）、习惯用法（1）、使用频率最多（1）	
低	たまに まれに	0	0	9	3	偶尔（7）、有时（2）、通常（1）、偶然（1）、总免不了（1）、习惯用法（1）	

表 16　日语及汉语期间反复体对译语料中的特定组合

日语语料					汉语普通话对译语料	
词汇手段	语法手段				词汇 手段	语法 手段
	テイル	テイタ	スル	シタ		
～たり ～たり	19	16	13	21	习惯用法（7）、时而～时而～（6） 时～时～（4）、一会儿～一会儿～（3） 又是～又是～（2）、一边～一边～（2） 不停地（2）、同时（2）、反复（2） 或～或～（1）、有的～有的～（1） 又～又～（1）、或者～或者～（1） 或是～或是～（1）、连～带～（1）	在～着（1）
					总是（1）、忽而～忽而～（1） 往往（1）、一连（1）、不时（1） 时常（1）、常常（1）、又（1） 来回（1）、纷纷（1）	

在 241 条日语语料中，词汇手段与语法手段（时体标记）相结合共同运用的情况较为常见；而在汉语普通话对译语料中，在句中揭示"期间"的词共 55 个，习惯用法（成语、惯用语等）10 个，共计出现次数 233 次，占全体的 96.7%，而与语法手段（时体标记）共同出现的例子仅有 2 例，占全体的 0.9%。

因此，在表达"反复"这一意义时，日语和汉语在语法手段与词汇手段的结合程度这一方面，存在一定的差异。日语中词汇手段与语法手段的结合较为密切，两者共同使用表达反复体意义是较为常见的。而与之相对的，汉语对于词汇手段的依赖程度更高，词汇手段与语法手段的结合不甚紧密，两者即使不共同使用也不影响"反复"这一意义在句中的表达。

当然，对于时体问题相关研究而言，只使用词汇手段来表达"反复"意义的用法，并不属于"反复体"研究的对象。"反复体"研究，主要关

注的是语法手段（即时体标记）的使用以及语法手段与词汇手段相结合的
部分。

四　反复体的类型

从表 14～表 16 中，可以看出日语与汉语在反复体类型上存在一定的
差异。李宇明（2002）中根据语义的差异把反复分为三种不同的类型：Ⅰ
同动反复；Ⅱ异动交替反复；Ⅲ异动并时反复。其中，Ⅲ异动并时反复
成立的条件是，"异动并时反复，要求 V1 和 V2 在应用中（即一定的语境
中）是可以相容的"（李宇明 2002：214），即要求忽略不同的动作／事件
在发生时间上的先后顺序。由于该条件的判断较主观，因此本书将李宇明
（2002）中的Ⅱ异动交替反复与Ⅲ异动并时反复合并为一类。在接下来的
讨论中，将反复体的类型分为两类：

> Ⅰ同一动作／事件的反复
> Ⅱ不同动作／事件的反复

日语的反复体可以通过共同运用词汇手段与语法手段来进行表达，因
此主要属于类型Ⅰ；而通过特定组合"～たり～たり"，也可以进行类型Ⅱ
的表达。例如：

谓语只包含一个动词：
（243）誰かが扉を力いっぱい叩いている！
（汉日对译语料库《轮椅上的梦》译文《車椅子の上の夢》）
（244）この頃、ここでよく人が死んでいる。

［工藤真由美（1995：39）例句］

谓语包含两个以上的动词：

（245）省吾は克く勉強する質の生徒で、図画とか、習字とか、作文とかは得意だが、毎時理科や数学で失敗って、丁度十五六番というところを上ったり下ったりしている。

（汉日对译语料库《破戒》原文）

（246）野島のこともあなたのことも殆んど忘れて、毎日画を見たり、音楽をきいたり、芝居を見たり、本をあさったり、散歩したり、建築を見たり、何かかいたりしています。

（汉日对译语料库《友情》原文）

例句（243）（244）属于类型Ⅰ；例句（245）（246）使用了"～たり～たり＋している"这样的组合，属于类型Ⅱ。

在汉语普通话中，无论是只使用词汇手段还是结合语法手段来表达"反复"这一意义，句子中的谓语可以只包含一个动词，也可以包含两个以上的动词。例如：

谓语只包含一个动词：

（247）我到这里以后，每天总要去一趟住田的温泉。

（汉日对译语料库《坊ちゃん》译文1《哥儿》）

（248）你是谁，把门敲了又敲。

（汉日对译语料库《活动变人形》原文）

（249）你是谁，一直在敲门。

谓语包含两个以上的动词：

（250）老婆婆倒是<u>常来我屋里闲聊</u>。

（汉日对译语料库《坊ちゃん》译文 1《哥儿》）

（251）<u>花开了又谢，谢了又开</u>。

［刘鸿勇、张庆文、顾阳（2013：30）例句］

（252）我翻了一下笔记本，有一个月，<u>我有 21 天在开会、</u>
<u>在汇报、在迎接检查</u>……

（百度网例句，来源为杂志《农家参谋》）

例句（247）（250）是只使用词汇手段来表达反复意义的例句，例句
（248）（251）是使用语法手段中的主要形式"V 了又 V"来表达反复体意
义的例句，例句（249）（252）是使用了语法手段中的次要手段"在 +V"
来表达反复体意义的例句。其中例句（247）~（249）属于类型Ⅰ，例句
（250）~（252）属于类型Ⅱ。

因此，日语反复体主要属于类型Ⅰ同一动作 / 事件的反复，在与
特定词汇手段相结合时可以表达Ⅱ不同动作 / 事件的反复。汉语普通
话中Ⅰ同一动作 / 事件的反复和Ⅱ不同动作 / 事件的反复的用法都比
较常见。

第三节　反复体问题的相关讨论

本节主要就"反复体与持续性各阶段的内在关联""反复体与进行体
的关联"这两点来进行探讨。首先探讨反复体在持续性内部各阶段中到底
占据了怎样的一个位置；然后探讨反复体与进行体之间到底有着怎样的
关联。

一　反复体与持续性各阶段的内在关联

在时间轴 Z 上，随着持续性的逐渐增强，会出现几个不尽相同却又联系紧密的阶段。

首先是"进行"阶段，其表示的是某个动作 / 事件正在进行或处于进程之中。接下来，多个动作 / 事件不同时不等量的持续，即为"反复"。当反复的频率达到了一定的程度，就成为"惯常性反复"，出现了"惯常"用法。惯常是某个动作 / 事件一定频率反复出现，到达了类似于存在某种偏好、接近于形成某种习惯的程度，是一种特殊的期间反复体。汉语粤方言中"V 开"形的存在，就显示了"惯常"这一阶段是存在的。在"惯常"之后的，就是"习惯"。习惯即某种"惯常的习性"，其出现的频率不是规律的，近似于某种性质。因此，习惯进一步发展下去，就会升华到达"状态 / 性质"的阶段。从"进行体→反复体→惯常→习惯→状态 / 性质"这样的持续性不同阶段的发展中可以看出，其具体性逐渐减弱，抽象性逐渐增强。

首先从包含特殊的期间反复体"V 开"的汉语粤方言开始进行举例。

（253）a：我食紧鸡尾包。

（谷歌网例句）　　　　　　　　　　　　　　　　　（事态进行体）

　　b：呢排几乎日日都喺度食鸡尾包 / 食紧鸡尾包。（反复体）

　　c：我食开鸡尾包嘅。　　　　　　　　　　　　（惯常）

　　d：我日日都食﹛0﹜鸡尾包。　　　　　　　　（习惯）

从例句（253）a、（253）b、（253）c 中，可以看出事态进行体、反复体与惯常的区别。因此，在汉语粤方言中：

进行　　　→　　　反复　　　→　慣常　→　习惯

（"V紧""喺度+V"）　（"喺度+V""V紧"）　（"V开"）　（{0}）

汉语（普通话及粤方言）的习惯及习惯以上的状态 / 性质阶段，大多是
如例句（253）d所示，以动词的无标形 {0} 来表现的，即只使用词汇手段。
这跟前文中语法手段与词汇手段的结合程度的相关分析结果相一致。

在日语中，时体标记跟不同的词汇手段连用时，可以表达不同的意义。

进行　　　→　　　反复　　　→　　慣常、习惯

（"シテイル"）　　（"シテイル"）　　（"シテイル""スル"）

以下例句（254）根据例句（247）日语语料（汉日对译语料库《坊ち
ゃん》原文）修改而成。

（254）a：おれは住田の温泉へ行っている途中だ。（事态进行体）

　　　　＊おれは住田の温泉へ行く途中だ。

　　　b：おれは何度も住田の温泉へ行っている。　　（反复体）

　　　　＊おれは何度も住田の温泉へ行く。

　　　c：おれは最近住田の温泉へ行っている。（反复体到慣常）

　　　　おれは最近住田の温泉へ行く。

　　　d：おれは毎日住田の温泉へ行っている。　　（习惯）

　　　　おれは毎日住田の温泉へ行く。

因此，反复体与持续性各阶段的关系如图 29 所示。

图 29　反复体与持续性的各阶段

二　反复体与进行体的关联

从第三章第四节的疑问出发，第四章的讨论进行至此，已经接近尾声。从定义上来看，进行体与反复体有着显著的区别。进行体的考察对象一般是一个内部异质的动作 / 事件，反复体的考察对象一般为多个离散异时不定量重复的动作 / 事件。这样的差别，从上文进行体与反复体的图示（图 12、图 13、图 27）中可以看出。

接下来请看以下例句。

（255）a：文章<u>改了又改</u>。

　　　　b：我<u>最近一直在改</u>文章。

例句（255）a 表达的是期间反复体意义，表示的是"改文章"这一动作 / 事件反复出现；例句（255）b 表达的是期间进行体意义，表示的是最近"改文章"这一动作 / 事件正在持续之中。例句（255）a 与（255）b 两者之间的意义可以区分开来。然而，进行体与反复体之间，实际上并没有一个明确的界限，以心理动词为例：

（256）a：我<u>最近一直在想</u>，找个什么办法，不用战争手段而用和平方式，来解决这种问题。

　　　　　b：<u>我多年来一直在想</u>，找个什么办法，不用战争手段而

　　　　　　用和平方式，来解决这种问题。

　　（汉日对译语料库《邓小平文选》第三卷原文）

　　　　　c：<u>我多年来想了又想</u>，找个什么办法，不用战争手段而

　　　　　　用和平方式，来解决这种问题。

　　从形式标记上看，例句（256）a 属于期间进行体，（256）b、（256）c
属于期间反复体。然而，从例句（256）的图示（图 30）中可以看出，其
图示比起反复体更接近进行体。

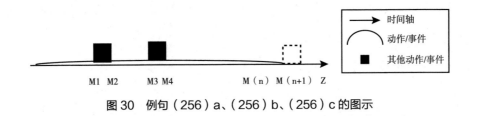

　　　　图 30　例句（256）a、（256）b、（256）c 的图示

　　这是由心理动词的特征决定的。心理动词介于动态动词与静态动词之
间，其内部是同质化的，并没有明确的起始时间点 i 与终结时间点 j，状态
性较强。

　　因此笔者认为，动作 / 事件的物理性（动作性）越强，其反复体表达
成立的可能性就越大，反复体与进行体的区别就越明显；反之，动作 / 事件
的物理性（动作性）越弱，其反复体表达成立的可能性就越小，反复体与
进行体的区别就越不明显。

　　讨论至此，接下来整理一下反复体与进行体的关系。

　　进行体是表达动作持续 / 进行中的主要时体范畴，而反复体是进行
体的衍生与延伸，两者之间没有必然的明确的界限。事态进行体与事态反

复体的接点，是有着"同质动作一体化"现象的"主体动作非过程性动词"。期间进行体与期间反复体的接点，是内部同质程度较高的心理动词。

进行体与反复体之间的关系，如图 31 所示。

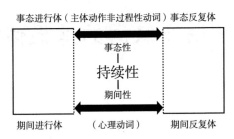

图 31　反复体与进行体之间的关系

第五章

日语及汉语的结果体

第一节　结果体的特征

结果体是一个典型的时体范畴，在时体系统中占据着十分重要的位置。

在进行探讨之前，首先要明确的一个概念是，到底什么是"结果"？

在动作／事件中，存在着这样的区别。在动作／事件结束之后，有的动作／事件对物理世界没有影响，有的动作／事件则不然，其残存依然留在物理世界之中。这样的残存，一般称作"结果"。

对于"结果"，《広辞苑》《大辞林》《现代汉语词典》等词典之中有着以下的说明。

"②（effect）原因によって生み出されたもの。また、ある行為によって生じたもの。その生み出された状態。副詞的にも用いる。"

（《広辞苑（第六版）》：880）

　　"①ある行為・原因などから最終の状態を導き出すこと。また，その状態。連体修飾語を受けて副詞的にも用いる。"

（《大辞林》：七九一）

　　"o図在一定阶段，事物发展所达到的最后状态"

（《现代汉语词典（第七版）》：666）

　　从以上说明可以得知，"结果"是某一动作/事件发展到最后所达到的某种状态。关于"状态"这一用语的内涵，奥田靖雄（1988a）有如下的论述。

　　《変化の結果》は，すぐにもとにもどる一時的な状態から，けっしてもとにはもどらない頑固な特性まで，さまざまであるだろうが，たといもとにもどらない特性があっても、それはもともと物にそなわっているものではなく，臨時的であって，いずれはきず物として物そのものとともに清算される。そうでなければ，もとにもどらない変化の結果は，変化の結果であることをわすれて，ある，ひとつの物の，もちまえの特性へと移行してしまうだろう。こうして，状態が，そのときそおときの，特徴的な，あるいは優勢な，物のあり方であるとすれば，変化の結果もまた状態であるだろう。ただし，言語の意味の世界では，この状態は，変化の結果として生じているということで，《ただの状態》とはことなる。一時的な状態から恒常的な特性にいたるまで，変化の結果としての消滅と出現，移動の結果としての滞在と不在など，さまざまな変化の結果をふくみこんでいるという意味でも。しかし，《結果性》という特徴にひきずられて，この変化の結果を《結果的な状態》という用語のもとにくくることがゆるされるだろう。

奥田靖雄（1988a：5）

因此，对于主体而言由动作／事件终结时间点 j 开始就这样持续下去的状态，抑或对于客体而言由于主体的动作而生出的变化或者产生变更之后的状态，结果的状态有着各种各样不同的形式。由于"结果的状态"是动作／事件发生之后的产物，结果体在日语研究中也被称作状态达成体（"状態パーフェクト"），与动作达成体（"動作パーフェクト"／"出来事パーフェクト"）并列。本书中，将"结果的状态"与"残存的效力"区分开来，使用的是"结果体"这一用语。

图 32 为结果体的图示。在某一动作／事件 $M_{i\to j}$ 终结后，该动作／事件的结果 R 残存下来，在终结时间点 j 之后若有一观察时间点为 t，那么在 t 处可以观察到 R。j 之后的实线，表示某一可以被直接观察到的状态或变化。

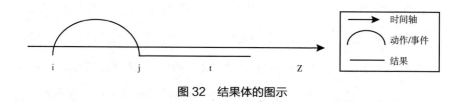

图 32   结果体的图示

因此，结果体可以表示如下。

结果体：$K_{j\to}$

观察时间点 t：$t_{j\to}$

第二节　日语及汉语的结果体

一　时体标记及分布位置

根据表 5，日语的结果体标记为"シテイル""シテイタ""シテアル""シテアッタ"。由于"シテイル"与"シテイタ"之间、"シテアル"与"シテアッタ"之间的区别，是时态意义而非时体意义上的区别，下文主要分析"シテイル"与"シテアル"。这两个标记的适用范围不同，"シテイル"可以表达多种时体意义，而"シテアル"多用于表达结果体意义。例如：

シテイル：

（257）棚の上のテレビが歌をうたっている。街の大売出しの騒音がそれと二重になる。

（汉日对译语料库《青春の蹉跌》原文）（进行体）

（258）この頃、ここでよく人が死んでいる。（反复体）

（259）なかなかしゃれた服を着ている。曾根はそう思ったが、曾根に比べれば、世の中の人聞はみんなしゃれた服装をしていることになる。

（汉日对译语料库《あした来る人》原文）（结果体）

（260）その勇二郎叔父も五年前に死んでいる。六十近くなるはずのもん叔母は、働かずには暮してゆけないので、中書島へ通っているのであった。

（汉日对译语料库《越前竹人形》原文）（达成体）

シテアル：

（261）翌日学校へ行って、<u>一時間目の教場へ這入ると団子二皿七銭と書いてある</u>。

（汉日对译语料库《坊ちゃん》原文）（结果体）

表达结果体意义时，"シテイル"表示的是"出现了某种结果"，而"シテアル"则强调的是"因为某施事的作用力的关系，导致出现了某种结果"，因此"シテアル"只能跟他动词，即主体动作动词连用。另外，由于主体动作主体姿势变化动词与主体动作主体变化（穿戴）动词具有"再帰性"（再归性，即动作/变化的结果会回归到动作主体之上），这两类动词不与"シテアル"连用。

（262）a：杏子を送り出したまま、克平は卓の横に<u>立っていた</u>。そして卓の<u>上</u>に<u>置いてある</u>名刺に眼を当て、曽根二郎という名前を頭に入れた。

（汉日对译语料库《あした来る人》原文）

　　b：杏子を送り出したまま、克平は卓の横に<u>立っていた</u>。そして卓の<u>上</u>に<u>置いている</u>名刺に眼を当て、曽根二郎という名前を頭に入れた。

桌子上有一张名片。例句（262）a 的关注点是某人将这张名片放到了该位置，从而导致出现了如今这样的一个结果；而（262）b 的关注点是"桌子上放着一张名片"这一结果本身。

汉语普通话的结果体标记为"V 着"（结果的持续）。第三章中曾经考察过"V 着"（动作的持续）这一意义。本章主要考察"V 着"（结果的持续）的意义。

（263）白雪公主穿着裙子，她一定会跳舞，她一定说外国话。

（汉日对译语料库《活动变人形》原文）

（264）<u>盖着棉被</u>的倪吾诚脸渐渐变红了。

（汉日对译语料库《活动变人形》原文）

　　汉语粤方言中，主要的结果体标记是"V 住"，然而在特定条件下，当变化动词与"V 紧"连用时，也可以表达结果体意义（这一点将在本章第三节中进行详细的探讨），例如：

（265）现时出街唔洗带荷包同卡，<u>只要攞住手机或者戴住智能手表</u>，就可以消费。

（香港文汇网例句）

（266）唔知佢宜家係咪仲<u>戴紧只 C 牌表</u>?

（谷歌网例句）

　　上文介绍了日语、汉语（普通话及粤方言）中的结果体标记。日语的结果体标记为"シテイル""シテイタ""シテアル""シテアッタ"，汉语普通话的结果体标记为"V 着"，汉语粤方言的结果体标记主要为"V 住"，特定情况下"V 紧"也可以表达结果体意义。具体如表 17 所示。

表 17　日语、汉语（普通话及粤方言）中的结果体标记

日语	汉语普通话	汉语粤方言
シテイル シテイタ シテアル シテアッタ	V 着	V 住 V 紧

二　与动词的连用情况

日语、汉语（普通话及粤方言）的结果体标记与动词的连用情况，如表 18 所示。

表 18　日语、汉语（普通话及粤方言）的结果体标记与动词的连用情况

动词分类			日语		汉语		
					普通话	粤方言	
			シテイル	シテアル	V 着	V 紧	V 住
动态动词	主体动作	①［－过程性］					
		②［＋过程性］	△		△		△
	主体变化	③［－过程性］	○				
		④［＋过程性］	○				
	⑤主体动作主体姿势变化		◎		◎		◎
	⑥主体动作主体变化（穿戴）		○		○	□	◎
	⑦主体动作客体变化	移动变换	□	◎			
		消除脱落	□	◎	△		△
		依附添加	○	◎	○		◎
		所有关系变化					
		状态变化	□	◎	△		△
⑧~⑪　心理动词							
⑫　静态动词							

符号说明：

◎：可连用，表结果体意义。

○：可连用，主要表结果体意义，也可表其他时体意义。

□：可连用，可表结果体意义，主要表其他时体意义。

△：部分可连用，可表结果体意义。

以下将对表 18，按照动词类别逐一进行说明。

①主体动作非过程性动词

主体动作非过程性动词，一般不表达结果体意义。根据第四章分析可知，此类动词与日语"シテイル"、汉语普通话"V 着"、汉语粤方言"V 紧"连用时，表示反复体意义。

②主体动作过程性动词

部分主体动作过程性动词，在动作终结之后，会残留下动作的结果。因此，此类动词与结果体标记连用时，可以表达结果体意义。

（267）表紙に「妙法蓮華経観世音菩薩普門品第二十五」と書し、孤峯庵侍者慈念記す、と書いている。

（汉日对译语料库《雁の寺》原文）

（268）门上原来有菱形的紫红漆方块，每个方块上写着一个字，字迹已经模糊，是对联。

（汉日对译语料库《活动变人形》原文）

（269）对方仲喺张卡度写住祝我开心及幸福。

（香港文汇网例句）

另外，也有部分主体动作过程性动词是不表达结果体意义的，例如"食べる / 吃 / 食"。如上文分析，当这部分主体动作过程性动词在日语中与"シテイル"连用时除了可以表达进行体意义、反复体意义之外，还可以表达达成体意义；在汉语普通话中与"V 着"连用时表达"V 着"（动作的持续）这一意义。

③主体变化非过程性动词

在日语中，当"シテイル"与主体变化动词连用时，在上下文中没有特定词汇手段或者语境提示时，表达结果体意义；当上下文中出现特定词汇手段或语境提示时，可以表达反复体意义或达成体意义，例如：

（270）上下文中无特定提示时：

结果体：その箪笥に一人の若い女が湯巻ひとつで凭りかかり足を投げだして、乳房を片方もぎとられていた。死んでいるのかもしれなかった。

（汉日对译语料库《黒い雨》原文）

（271）上下文中有特定提示时：

反复体：この頃、ここでよく人が死んでいる。

达成体：その勇二郎叔父も五年前に死んでいる。六十近くなるはずのもん叔母は、働かずには暮してゆけないので、中書島へ通っているのであった。

（汉日对译语料库《越前竹人形》原文）

在日语中主体变化非过程性动词可以表达结果体意义，而汉语中则几乎没有这样的用法。出现这种差异的原因，与日语、汉语对主体变化动词的观察视角有关，此部分内容将在本章第三节中进一步分析与探讨。

④主体变化过程性动词

在日语中，"シテイル"可以与主体变化过程性动词连用，表达结果体意义与进行体意义，例如：

（272）结果体：T市では32.0度まで気温が上がっている。

（YAHOO! ニュース网例句）

（273）进行体：山では何軒かの家が燃えて、煙が上がっている—山の裏側の煙は白く、日の当たるほうのは黒く見える……なのに太陽はただ悠々と山頂を通過して行くばかりであった。

（汉日对译语料库《倾城之恋》译文《傾城の恋》）

与本书第四章相同，结果体标记与表示移动与输赢的主体变化动词的连用情况，将在此处进行分析。

表示移动与输赢的主体变化动词，在日语中属于过程性动词，在句中无词汇手段或语境提示的情况下表达结果体意义；如果在句中与"～とこ ろ""～途中""～最中"等连用或者上下文语境提示动作 / 事件当前正在进行中 / 正处于进程之中时，表达进行体意义；如果在句中与"いつも""よく"等揭示期间的词连用则表达反复体意义。

表示移动的主体变化动词：

（274）结果体：聞いて見ると、奥様やお志保は下座敷に集って、そこへ庄馬鹿までやって<u>来ている</u>。

（汉日对译语料库《破戒》原文）

（275）进行体：「沼津から機関車を持って来てつけるまで二時間も待ちましたけえ、その間もナ、思いまして……これの為めにこうして<u>東京に来ている途中</u>、もしもの事があったら、芳（と今度は娘の方を見て）お前も兄弟に申訳が無かろうと思ったじゃわ。」

（汉日对译语料库《蒲団》原文）

（276）反复体：必要なメッセージは<u>いつも来ている</u>。

（YAHOO! 网例句）

表示输赢的主体变化动词：

（277）结果体：しかし、もう負けていることは敵にも分っていた筈だ。

（汉日对译语料库《黒い雨》原文）

（278）进行体：試合は9回表、Aが勝っているよ。

（279）反复体：テニスの試合でいつも負けていた相手に初めて勝ちました。

（YAHOO! 网例句）

虽然汉语普通话与汉语粤方言对于表示移动与输赢的主体变化动词在过程性这一点上存在差异，但两者几乎不将此二类动词在动作／事件终结后的状态视作"结果的状态"，比起结果体用法，更多的是达成体用法。关于达成体的问题，主要将在本书第六章中进行讨论。

⑤主体动作主体姿势变化动词

主体动作主体姿势变化动词，是与结果体标记连用表结果体意义的一类典型动词。因为就身体的姿势变化而言，比起变化过程显然是变化后的状态更加容易被观察与把握。以"座る／坐／坐"为例，比起身体姿势由上到下的移动过程，最后在椅子上落座这一点更加容易给人留下印象。

因此，日语与汉语（普通话、粤方言）都可以与此类动词连用，表达结果体意义，例如：

日语：

（280）でも今僕の前に座っている彼女はまるで春を迎えて世界にとびだしたばかりの小動物のように端々しい生命感を体中からほとばしらせていた。

（汉日对译语料库《ノルウェイの森》原文）

（281）声をかけたのは席がなくて通路に<u>立っている</u>中年の洋服の男である。

（汉日对译语料库《あした来る人》原文）

汉语普通话：

（282）马车<u>上</u>还<u>坐着</u>个孩子，两只手尽力往袖筒里插。

（汉日对译语料库《插队的故事》原文）

（283）"哥们儿！路什么时候坏的？"王建军问。被问的人注意到，他身后<u>站着</u>个一米八七的大个。

（汉日对译语料库《插队的故事》原文）

汉语粤方言：

（284）<u>坐住</u>某郁过。

（香港文汇网例句）

（285）成晚全场好似企鹅咁<u>企住</u>睇骚。

（香港文汇网例句）

⑥主体动作主体变化（穿戴）动词

主体动作主体变化（穿戴）动词是与服装穿着或首饰穿戴等相关的动词，由于此类变化的结果易于被直接观察与把握，因此此类动词也属于与结果体标记连用表达结果体意义的典型动词。然而，服装穿着或首饰穿戴这类动作，不仅仅关注变化后的结果，其变化的过程也是一个十分重要的阶段。

在日语中，当此类动词与"シテイル"连用时，在句中无特定词汇手

段或语境提示的情况下，表达结果体意义。当句中出现明确提示动作发生的时间、场所的修饰成分或文字时，表达进行体意义，例如：

（286）僕はびっくりして自分の着ている葡萄色のセーターに目をやった。

（汉日对译语料库《ノルウェイの森》原文）

（287）僕は姿見の前に葡萄色のセーターを着ている。

例句（286）中的"着ている"表结果体意义，指的是在观察时间点 t 时主语"他"身上穿着一件葡萄色的毛衣，而例句（287）中的"着ている"表进行体意义，指的是在观察时间点 t 时主语"他"正在镜子前穿一件葡萄色的毛衣。

汉语普通话中，此类动词与"V 着"连用时，主要表达结果体意义（本书第三章第二节中曾介绍过，汉日对译语料库中含有"穿着"的有效语料中，99.6% 的语料都表达结果体意义）。

（288）结果体：一进家门，那"帮工"的李嫂，穿着一身黑绸的衣裤，系着雪白的围裙，迎了出来。

（汉日对译语料库《关于女人》原文）

（289）进行体：他说着话就下了床，一边从容不迫地穿着棉衣，一边对道静抱歉似的小声说道："对不起，又失约了。你睡吧，别等我。太晚，我就不回来了。"

（汉日对译语料库《青春之歌》原文）

在汉语粤方言中，当此类动词与"V 住"连用时，表达结果体意义，例如：

（290）当年佢<u>着住条波波裙</u>扮一位女明星，连果个女明星都话顶呱呱！

（香港文汇网例句）

此外，此类动词也能与"V紧"连用，表进行体意义与结果体意义，例如：

进行体：

（291）条裙真係好正，我<u>着紧啊</u>。

（292）T部门男同事<u>着紧鞋</u>。

结果体：

（293）条裙真係好正，我今日<u>着紧A牌子A款</u>。

（谷歌网例句）

（294）T部男同事<u>着紧个对U牌鞋</u>就係呢个织面。

（谷歌网例句）

⑦主体动作客体变化动词

主体动作客体变化动词，因为有着［＋变化］的特征，因此与结果体标记连用表结果体意义是较为普遍的。在进行分析之前，首先就日语与汉语中主体动作客体变化动词的差异进行探讨。

在日语中有着大量的主体动作客体变化动词。例如"壊す""固める"等，表示的是主体的某种动作使得客体的状态出现了某种变化的结果。类似的用法，在古代汉语中也存在过，被称作"活用"现象。

（295）晋隆安年中，颜从尝起新屋，夜梦人语云："君何坏我冢？"

［百度网例句，来自刘义庆（南朝）《幽明录》］

（296）驰奏遣使往固其城。

［百度网例句，来自顾祖禹（清）《读史方舆纪要》］

　　然而在现代汉语中，已经没有这样的用法。如本书第二章第一节中所提及的那样，现代汉语的主体动作客体变化动词主要是以动补复合词（Verb-Resultative Compound Word）的形式出现的。此外，在日语动词中，还有"受身动词"这一特殊分类的动词存在。根据村上三寿（1989）的考察，日语动词的受身动词形式，也可以跟结果体标记连用表达结果体意义。而汉语中没有这样的用法。因此，日语及汉语中的主体动作客体变化动词在内部构成、规模、数量、使用频率上都有着显著的差异。

　　接下来介绍日语及汉语中的主体动作客体变化动词跟结果体标记的连用情况。

　　日语的主体动作客体变化动词与"シテアル"连用时，可表达结果体意义，例如：

"移动变换"

（297）1歳からのプログラムは、短編を数本、集めてある。

（YAHOO! 网例句）

"消除脱落"

（298）「かすみ鴨」の骨が抜いてあるので食べやすい。

（YAHOO! 网例句）

"依附添加"

（299）壁にも丹念に半紙が貼ってあるので、古い紙箱に入った心地だが、頭の上は屋根裏がまる出しで、窓の方へ低まって来ているものだから、黒い寂しさがかぶさったようであった。

（汉日对译语料库《雪国》原文）

"所有关系变化"

（300）二合瓶を二本買ってある。

（YAHOO! ニュース网例句）

"状态变化"

（301）直してあるから安心しろ。

（YAHOO! ニュース网例句）

日语的主体动作客体变化动词与"シテイル"连用时，由于主体动作客体变化动词的关注点集中在主体部分之上，因此其表达的优先意义是进行体意义，也可以表达反复体意义、结果体意义等其他时体意义。例如：

"移动变换"

（302）进行体：赤い爪はコーヒー茶碗を口に運んでいる。

（汉日对译语料库《あした来る人》原文）

反复体：露地のとある家で紙箱を造っている「五・七」工場があった。よく三輪車で物を運んでいるようだ。

（汉日对译语料库《人到中年》译文《北京の女医》）

结果体：国民党地域の経済危機はきわめて深刻で、工業の大部分は破産し、綿布のような日用品までも、アメリカから運んでいる。

（汉日对译语料库《毛泽东选集》第三卷译文《毛沢東選集三》）

"消除脱落"

（303）进行体：皮を剥いているうちにネバネバ。

（YAHOO! ニュース網例句）

反复体：昔は軒下に干してあったり家々で柿を剥いている家が当たり前にあった。

（YAHOO! ニュース網例句）

结果体：みなさんはにんじんを食べるとき、皮を剥いてますか？

（YAHOO! 网例句）

"依附添加"

（304）进行体：誰かが"A札"を貼っているところを目撃して。

（YAHOO! 网例句）

反复体：さっきから黙々と切手を貼っている和田さん。

（YAHOO! 网例句）

结果体：タイ語に訳してシールを貼っている操作ボタンもある。

（YAHOO! 网例句）

"所有关系变化"

（305）进行体：これが実際にAを自販機で買っているところ。

（YAHOO! 网例句）

反复体：いつも同じ野菜ばかりスーパーで買っている。

（YAHOO! ニュース网例句）

结果体：デートでたくさん欲しいものを買っている時に告白をされた。

（YAHOO! 网例句）

"状态变化"

（306）进行体：一部のファンから「伝統を壊している」などとSNSで批判の声が上がった。

（YAHOO! 网例句）

反复体：いつも何かの問題で暴力を振るったり暴言を吐いたり物を投げて壊しているという始末。

（YAHOO! 网例句）

结果体：病院でもらった、おなか壊しているときのおすすめ食品リスト。

（YAHOO! 网例句）

汉语的主体动作客体变化动词，无论是汉语普通话还是汉语粤方言，一部分依附添加类动词、消除脱落类动词、状态变化类动词可以表达结果体意义，例如：

（307）汉语普通话：每星期得到四弟的万言书，贴着种种不同的邮票，走遍天涯给我写些人生无味的话，似乎有投海的趋势，那时我倒有点恐慌！

（汉日对译语料库《关于女人》原文）

汉语粤方言：每个礼拜得到四弟嘅万言书，黏住好多唔同嘅邮票，行遍天涯写啲人生有味嘅话畀我，似乎有投海嘅趋势，我嗰阵又有啲恐慌！

（308）汉语普通话：河岸上站了村子里最精壮的男人们，拿着叉、耙、长把镰刀，呼唤喊着捞河柴。

（汉日对译语料库《插队的故事》原文）

汉语粤方言：河岸上企住条村里面最精壮嘅男人，攞住叉、耙、长把镰刀，喺度嗌捞河柴。

（309）汉语普通话：挂在房间正中，装饰着五彩琉璃缨络的那盏大号保险灯。

（汉日对译语料库《霜叶红似二月花》原文）

汉语粤方言：挂喺间房正中，装饰住五彩琉璃缨络嗰盏大码保险灯。

其他两个小类的动词，一般不表达结果的持续这一意义。

另外，汉语粤方言中，一部分该类动词与"V紧"连用时，可以表达结果体意义，例如：

（310）你摆紧嘅呢个花樽好靓喔。

⑧~⑪ 心理动词

心理动词一般不表示结果的持续这一意义。

第三节　结果体问题的相关讨论

一　结果体的范围

1.日语与汉语的结果体范围

本章第二节中探讨了日语、汉语（普通话及粤方言）的结果体标记与动词的连用情况，从中可以看出日语和汉语的结果体有着较大的差异。

与汉语相比，日语的结果体与动词的连用范围更广。

奥田靖雄（1988a：5）曾指出结果体中"变化的结果"其实包含各种各样不同的形式，其中主要可以分为"单纯的变化结果"与"动作的维持"两种。表达"单纯的变化结果"的动词，主要有主体动作过程性动词、主体变化动词、主体动作主体变化（穿戴）动词、一部分主体动作客体变化动词（移动变换类动词、部分消除脱落类动词、依附添加类动词、状态变化类动词）等；表达"动作的维持"的动词，有主体动作主体姿势变化动词与一部分主体动作客体变化动词（部分消除脱落类动词）。

如表18所示，日语与汉语的结果体范围之间的差异，主要集中在主体变化动词、一部分主体动作客体变化动词（移动变换类动词）上。这些都属于"单纯的变化结果"。因此，笔者认为结果体范围的差异主要跟日语、汉语这两种语言对于变化的观察视角不同有关。

2.汉语粤方言中的"V紧"与"V住"

上文曾介绍，在汉语粤方言中，有部分变化动词与"v紧"连用时，可以表达结果体意义。接下来分析一下这种用法的意义特征以及其连用条件。

从意义上看，变化动词与"v紧"连用表达结果体意义时，表示的是"某人对某物的使用状态的维持"这一意义，例如：

（311）我唔係冇衫，只係咁啱影亲靓相都係<u>着紧呢件</u>。

（谷歌网例句）

（312）你<u>摆紧嘅呢个花樽</u>好靓喔。

例句（311）中的"着紧"、例句（312）中的"摆紧"，两者都表示"使用中"的意义，即"当时我正在使用中（穿着）的衣服""现在你正在使用中（摆放于某处）的花瓶"。如果不是表示"某人对某物的使用状态的维持"这一特定意义，在句中使用"V紧"是不自然的，例如：

（313）"V住"：<u>台面上摆住两个好深嘅花樽</u>。

（谷歌网例句）

　　　　"V紧"：*<u>台面上摆紧两个好深嘅花樽</u>。

（314）"V住"：<u>佢台面上摆住嗰两个好深嘅花樽</u>，系古董来嘅。

　　　　"V紧"：<u>佢台面上摆紧嗰两个好深嘅花樽</u>，系古董来嘅。

（315）"V住"：<u>张宣传单日期写住係星期四</u>。

（香港文汇网例句）

　　　　"V紧"：*<u>张宣传单日期写紧係星期四</u>。

例句（313）（315）不表示"某人对某物的使用状态的维持"这一意义，表达的是一般的结果体意义，此时如果与"V紧"连用的话，句子是不自然的，无法表达结果体意义。例句（314）表示的是"某人对某物的使用状态的维持"的意义，因此在句中可以使用"V紧"表达结果体意义。

关于连用条件，当变化动词与"V紧"连用表结果体意义时，此刻的宾语通常是指向某一特定对象的名词或名词短语［例如"呢件衫（这件衣

服 / この服）""个对牌子嘅鞋（那个牌子的鞋子 / あのブランドの靴着）""穿
窿袜（破洞的袜子 / ぼろぼろになった靴下）"等］，例如：

（316）T 部男同事<u>着紧个对 U 牌鞋</u>就係呢个织面。

（谷歌网例句）

（317）你<u>摆紧嘅呢个花樽</u>好靓喔。

（318）明星当场被除鞋，挨断正<u>着紧穿窿袜</u>！

（谷歌网例句）

这一连用条件，与变化动词与"V 紧"连用时表示"某人对某物的使
用状态的维持"这一意义有很深的关联，理由是处于某种被使用状态中的
物品，必然是特指而不是泛指的。

二 对于变化的观察视角

变化动词中包含主体变化非过程性动词、主体变化过程性动词、主体
动作主体姿势变化动词、主体动作主体变化（穿戴）动词、主体动作客体变
化动词等多个类别。如上文所述，本小节将以主体变化动词为例，分析日
语、汉语（粤方言、普通话）中对于变化的观察视角存在着怎样的差异。

主体变化动词中有［－过程性］［＋过程性］两种类别，接下来将分别
进行探讨。

对于主体变化非过程性动词，将以动词"死ぬ / 死 / 死""爆発する /
爆 / 爆"为例分析日语、汉语（普通话、粤方言）的差异。

（319）日语：その箪笥に一人の若い女が湯卷ひとつで凭りかかり足

を投げだして、乳房を片方もぎとられていた。<u>死んでいるのかもしれなか</u>
<u>った</u>。（汉日对译语料库《黒い雨》原文）

汉语普通话：在大堆瓦砾上倒着一只大柜子，一个少女靠在柜子
上，伸着两只脚，身上只穿了一条衬裙，一边的乳房已经溃烂，<u>也许</u>
<u>人已经死了</u>。（汉日对译语料库《黒い雨》译文《黑雨》）

汉语粤方言：喺大堆瓦渣上有只大柜跌咗落嚟，一个少女靠喺嗰
柜度伸直两只脚，身上净系着住一条衬裙，一边嘅乳房经已溃烂，<u>或</u>
<u>者人经已死咗</u>。

（320）日语：こちらも水を飲んでやろうと思って近づくと、水を飲ん
でいるのでなくて、伏せて水に顔を突込んだまま<u>死んでいる</u>。

（汉日对译语料库《黒い雨》原文）

汉语普通话：我也想喝水，走近一看，那人并不是在喝水，而
是弯着身子，脸贴着水面，<u>就那么死了</u>。（汉日对译语料库《黒い雨》
译文《黑雨》）

汉语粤方言：我都想饮水，行近一睇，嗰个人并唔系喺度饮水，
而系弯住嗰身，面贴住水面，<u>就咁死咗</u>。

（321）日语：ベテルギウスはすでに<u>爆発している</u>？

（YAHOO! 网例句）

汉语普通话：参宿四已经<u>爆炸了</u>？

汉语粤方言：参宿四经已<u>爆咗啦</u>？

（322）日语：地球からの距離は 650 光年なので、もうすでに<u>爆発</u>
<u>している</u>かも。

（YAHOO! 网例句）

汉语普通话：由于（该星球）距离地球 650 光年，可能已经<u>爆炸了</u>。

汉语粤方言：由于（嗰个星球）距离地球 650 光年，可能经已<u>爆咗啦</u>。

从例句（319）～（322）可以得知，与主体变化非过程性动词连用时，日语主要表达结果体意义，例如例句（319）（320）中表示的是"某人'死んだ'（死去）之后的状态"，例句（321）（322）表示的是"'爆発した'（爆炸）发生之后的状态"。汉语中的情况则不然，不管是汉语普通话还是汉语粤方言例句，表达的不是结果体意义，而是达成体意义。例如例句（319）（320）中强调某人"死ぬ"（死去）这一瞬间的终结，即变化的发生；例句（321）（322）描写了"爆発する"（爆炸）这一变化的发生。

另外，在日语中，"死んでいる"除了可以表达"结果的状态"的结果体意义之外，还可以表达"残存的效力"的达成体意义，例如：

（323）この手紙が貴方の手に落ちる頃には、私はもうこの世にはいないでしょう。とっくに死んでいるでしょう。

（汉日对译语料库《こころ》原文）

例句（323）中的"死んでいる"，强调的不是说话者的"死后的某种状态"，而是"死亡这一变化／事件残存到说话时间点为止的某种效力或者关联性"。

在日语中，言及"变化点"时，会使用"シタ"形式，例如：

（324）鶴川が死んだのだった。電文は簡単に、事故で死んだとだけ書かれていたが、のちにわかった詳細はこうであった。

（汉日对译语料库《金閣寺》原文）

对于主体变化过程性动词，将以动词"上がる／涨／升""太る／胖／

肥"为例分析日语、汉语（普通话、粤方言）的差异。

（325）日语：中央卸売市場の調査によると、四十一年四月、百グラムあたり九円だった大衆魚の真アジは、四十七年四月には三十円、イカも十三円だったものが三十八円にまではねあがっている。

（汉日对译语料库《日本列島改造論》原文）

汉语普通话：据中央批发市场调查，昭和 41 年 (1966 年)4 月至47 年 (1972 年)4 月，大众化的竹荚鱼每公斤由九日元涨至三十日元；乌贼鱼每公斤由十三日元涨到了三十八日元。

（汉日对译语料库《日本列島改造論》译文《日本列岛改造论》）

汉语粤方言：根据中央批发市场嘅调查，昭和 41 年（1966 年）4 月到 47 年（1972 年)4 月，大众化嘅竹荚鱼每公斤由九円涨到三十円；墨鱼每公斤由十三円升到咗三十八円。

（326）日语：そう言う高媽はまえより太っていた。

（汉日对译语料库《骆驼祥子》译文《駱駝祥子》）

汉语普通话：高妈可是胖了一些。

（汉日对译语料库《骆驼祥子》原文）

汉语粤方言：高妈比起以前肥咗少少。

从例句（325）（326）中可以看出，与主体变化过程性动词连用时，对于变化，日语、汉语的观察视角与二者对主体变化非过程性动词的观察视角有类似之处。在例句（325）（326）中，日语关注"はねあがった"（涨价）、"太った"（发胖）之后的状态，而汉语（普通话、粤方言）关注的是"涨价""发胖"的变化点。因此，此类动词在汉语中无法与"Ｖ着"

（结果的持续）连用，却可以与"v着"（动作的持续）连用，即其与"v着"连用时表进行体意义，例如：

（327）但是另一方面，中国人民不但已经有了比过去任何时候都高的觉悟程度，而且有了强大的中国解放区和<u>日益高涨着的</u>全国性的民主运动。

（汉日对译语料库《毛泽东选集》第三卷原文）

另外，日语中的"上がっている"不仅可以表达结果体意义，也可以表达达成体意义，例如：

（328）イカの値段も<u>何度上がっている</u>。

与变化过程相关的语言表现，属于进行体范畴，已在上文进行了相关讨论，此处不再赘述。对于达成体的部分，将在本书第六章中进行详细介绍。而从上述分析中，可以看出，对于"变化"，日语的观察视角主要侧重于"变化发生之后的状态"与"变化点"，而汉语的观察视角则更侧重在"变化点"上。这种区别，如下图33所示。

三　从观察视角差异看变化动词的分类："R型动词"与"非R型动词"

上一小节介绍了日语、汉语对于变化的观察视角差异。从中可知，对于变化的观察视角主要有两种。

图34为主体变化非过程性动词的图示，如果以主体变化非过程性动

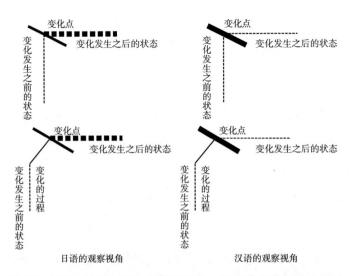

图 33   日语、汉语对于主体变化动词中"变化"的观察视角差异

词"死ぬ（亡くなる）/ 死"为例进行分析，c 点为"死ぬ"这一变化发生的瞬间，h 点为"死ぬ"这一变化发生之后的状态上的任意一点。

（329）日语：帰宅してみたら子供たちが死んでいる！

（汉日对译语料库《活动变人形》译文《応報》）（结果体）

汉语普通话：让倪吾诚回来看看吧，两个孩子都死了！

（汉日对译语料库《活动变人形》原文）（达成体）

（330）日语：私と一緒に牛の世話をしていた白じいさんは一作年亡くなっていた。

（汉日对译语料库《插队的故事》译文《遥かなる大地》）（达成体）

汉语普通话：和我一起喂牛的白老汉前年死了。

（汉日对译语料库《插队的故事》原文）（达成体）

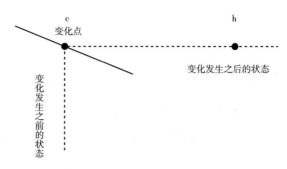

图 34 主体变化非过程性动词"死ぬ/死"这一变化的图示

日语"死んでいる"的关注点是变化发生之后的状态 $R_c \longleftrightarrow_h$［例句（329）］与变化发生之后的残存效力 P_c［例句（330）］，观察时间点为 t_h，而汉语"死了"的关注点为变化 C_c 与残存效力 P_c［例句（329）、（330）］，观察时间点为 t_h。

另外，日语中可以通过"シタ"与"シテイル"这两种不同的形式来表达对于"变化点""变化发生之后的状态"这两个不同阶段的关注，"シテイル"更倾向于表达"变化发生之后的状态""反复"等含义，在汉语中则没有这样的对立。

（331）開園前に飼育員がアムールトラの様子を確認した際に、寝室で<u>虎二郎が死んでいる</u>（ア）のを発見したという... <u>虎二郎が死んだ</u>（イ）ことにより、同園のアムールトラは雄のセンイチ一頭となった。（YAHOO! ニュース网例句）

（332）県は1日2回、<u>死んだ</u>（ウ）頭数や豚の異変を報告するよう求めている。養豚場は2、3日に「異常な豚はいない」と虚偽報告をしていた。4日午後に「<u>複数の豚が死んでいる</u>」（エ）と連絡し、県の遺伝子検査で5日、12頭から陽性反応が出た。同日、国との協議で感染が確定した。

（YAHOO! ニュース网例句）

如例句（331）（332）所示，在日语中，"ア"处表结果体意义，强调"变化发生之后的状态"，"イ""ウ"处强调"变化点"，而"エ"处若为"豚がばたばた死んでいる"，则可以表反复体意义。在汉语中，这几处的形式都用"死了"来表达，关注点均为"变化点"。

因此，在日语与汉语中，对于变化，可以有 RC 双关注型与 C 单关注型这两种不同的观察视角。两者的区别在于，是否将变化结果 R 纳入其观察关注的范围。也因此，在这一基础上，变化动词可以分为"R 型动词"与"非 R 型动词"两类。

"R 型动词"：关注变化结果 R，根据语境也可以关注变化点 C
"非 R 型动词"：不关注变化结果 R，只关注变化点 C

需要进行说明的是，当动词具有［＋过程性］这一特征时，其可以表达进行体意义。在这样的情况下，在"动作的持续性"与"结果的持续性"的表达之间，动词会出现一定的优先表达倾向，即在句中无明显词汇手段或其他语境提示的情况下，对某种时体意义进行优先表达。对于"R 型动词"与"非 R 型动词"的分类，主要是基于对变化内部"变化发生之后的状态"与"变化点"的观察视角差异进行的，这一分类不涉及变化的过程。

在下面的表 19 与表 20 中，对于日语、汉语普通话中的主体变化动词、客体变化动词中的"R 型动词"与"非 R 型动词"进行了举例。表 19、表 20 中举例所用的动词，参考了工藤真由美（1995：73-80）"動詞の全体的分類"（"动词的总体分类表"）及工藤真由美（2014：216-217）"所属動詞一覧"（"所属动词一览表"）中所列出的部分动词。

在日语动词中，存在着自动词与他动词的区别（例如"開く与開ける""閉まる与閉める""落ちる与落とす"等），在汉语中没有这样的区别。池上嘉彦（1981）曾提及"する型言語"（する型语言）与"なる型言語"（なる型语言）的区别，日语属于典型的"なる型语言"，即在语言表达中倾向于使用"情况出现了何种变化"这样的表达，而英语与汉语则属于"する型语言"，即在语言表达中倾向于使用"谁做了什么"这样的表达。因此，表19、表20中，与日语自动词对应的地方，有一部分是空白的。

表19 主体变化动词中的"R型动词"与"非R型动词"

动词分类		日语		汉语普通话	
		R型	非R型	R型	非R型
主体变化	③［－过程性］	出る、来る、入る、戻る* 死ぬ、生まれる、現れる 結婚する、就職する 落ちる、取れる			出、来、进 死、出生、出现 结婚、就业
	④［＋过程性］	開く、閉まる 成長する、上がる			成长、涨
⑤主体动作 主体姿势变化		座る、立つ		坐、站	
⑥主体动作 主体变化（穿戴）		着る、履く、被る		穿、戴	

　*"戻る"包含"返回、回到、恢复、复原"等多种含义，此处为表示移动含义（"返回、回到"）的"戻る"。

表19为与主体变化动词相关的表格，从中可以看出日语与汉语的差异。日语中③～⑥几乎都是R型动词，而汉语中③④为非R型动词，⑤⑥为R型动词。

表 20   客体变化动词中的"R 型动词"与"非 R 型动词"

动词分类		日语		汉语普通话	
		R 型	非 R 型	R 型	非 R 型
⑦ 主体 动作 客体 变化	移动变换	集める、移す、運ぶ			收集、移动、搬
	消除脱落	落とす、取る 剥ぐ		掉、拿	剥
	依附添加	埋める、置く、隠す 塗る、混ぜる		埋、放、藏 涂、混	
	所有关系变化	売る、買う 借りる、払う			卖、买 借、付
	状态变化	開ける、飾る、閉める 折る、切る、染める 直す、片付ける		开、装饰、关	折、切、染 改、收拾

表 20 为与客体变化动词相关的表格。日语中⑦几乎全是 R 型动词；而汉语的分布情况比较复杂，依附添加类动词为 R 型动词，移动变换类动词、所有关系变化类动词为非 R 型动词，消除脱落类动词、状态变化类动词既有 R 型动词，也有非 R 型动词。

从"R 型动词"与"非 R 型动词"的分类情况中可以看出，日语的结果体表达比汉语在范围上要更为广泛。"R 型动词"与"非 R 型动词"的分类，除了涉及结果体表达，还与达成体表达有所关联。接下来第六章将考察达成体的相关内容。

第六章
日语及汉语的达成体

第一节　达成体的特征及分类

一　达成体的特征

在探讨达成体（パーフェクト相）与结果体的关联之前，首先介绍一下"达成"（パーフェクト）这一用语的含义。

"パーフェクト"是英语"perfect"的音译词，在 *Longman Dictionary of Contemporary English (New Edition)* 中，是这样解释这一词语的。

Perfect: the form of a verb which is used when talking about a period of time up to and including the present.

Longman Dictionary of Contemporary English (New Edition), 2014：1290

从该解释中，可以得出"パーフェクト"的三个要点：

一、发生的某个动作／事件；

二、残存的某种影响／效力；

　　三、存在某个参照时间点，且该参照时间点在动作／事件的发生
时间点之后。

　　在日语的时体研究中，在"パーフェクト"这一用语被广泛使用之前，
使用较多的用语是"完了""完成"。Twaddell（1963：8）对英语的完成
体形式进行研究后，指出其内核的意义是"current relevance"（現在との関
連性①）。"完了""完成"等用语，并没有明确参照时间点与动作／事件发
生时间点之间的关系。因此现在在日语的时体研究中，多使用"パーフェク
ト"这一用语，在本书中，笔者将其称作"达成"，因此"パーフェクト相"
称作"达成体"。

　　劉綺紋（2006）在对"パーフェクト"这一用语的时体意义进行解释
时，有以下的论述。

　　　それは、パーフェクトのアスペクト的意味がそのテンス的意味に由来
　　し、参照時の状態・属性とのかかわりにおいて以前の事態を捉えること
　　を表すからである（春木2001）。つまり、パーフェクトにおける、先行事
　　態と後続する参照時の状態・属性とは、単なる無機的な時間的な前後
　　関係ではない。そうではなく、原因（や前提）と結果という関係によって
　　有機的に複合し、その複合体全体が1つの状態・属性を表しているも
　　のなのである（工藤1995も参照）。

　　　　　　　　　　　　　　　　　　　　　　　　　劉綺紋（2006：31）

---

　　①　出自柏野健次『テンスとアスペクトの語法』，第5章「完了形」，開拓社，1999：157。

对于"パーフェクト"这一用语，不同的学者有不同的定义，其中主要可以分为广义和狭义两类。

广义的"パーフェクト"，可以分为"状態パーフェクト"与"動作パーフェクト／出来事パーフェクト"两种，前者即为第五章中探讨过的结果体，因为观察时间点之前某个时间点发生的某个动作／事件的可观察结果，从某种意义上也可以解释为某种影响或关联。狭义的"パーフェクト"，专指"動作パーフェクト／出来事パーフェクト"，即围绕观察时间点前发生的某个动作／事件残存至观察时间点时依然有效的某种效力或关联性进行的研究。

笔者认同结果与效力之间有着很深的关联，然而考虑到二者之间的巨大差异，因此本书中采用"パーフェクト"的狭义定义，下文中的"达成体""达成体意义"均指狭义的定义。

对于"動作パーフェクト／出来事パーフェクト"有着较深研究的是工藤真由美（1989），该学者曾指出"达成体"的一些特征。

①発話時点、出来事時点とは異なる〈設定時点〉が常にあること。[①]

②設定時点にたいして出来事時点が先行することが表されていて、テンス的要素としての〈先行性〉を含んでいること。

③しかし、単なる先行性ではなく、先行して起こった運動が設定時点との〈むすびつき＝関連性〉を持っているととらえられていること。つまり、運動自体の〈ひとまとまり性〉とともに、その運動が実現した〈後の段階＝効力〉をも同時に捉えるというアスペクト的要素を持っていること。

工藤真由美（1989：67）

---

① 此处原文中有括弧，本引用中删去了括弧及括弧内的说明文字，特注。

因此，达成体研究的是时间轴 Z 上先发生的某一动作／事件在实现后与时间轴后的观察时间点 t 之间的残存效力与关联性。效力／关联性与结果有所不同，对于达成体而言，效力／关联性的起始时间点与动作／事件的起始时间点 i、终结时间点 j 之间，没有绝对的对应关系。

"达成体"的图示如图 35 所示。

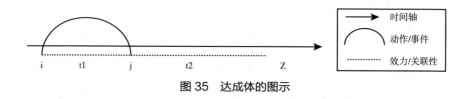

图 35　达成体的图示

达成体可以用如下方式表示。

$$达成体：P_{i\to}\ (\ P_1 = t_{i\longleftrightarrow j}\ /\quad P_2 = t_{j\to}\ )$$

$$观察时间点\ t：t_{i\to}\ (\ t_1 = t_{i\longleftrightarrow j}\quad /\quad t_2 = t_{j\to}\ )$$

二　基于效力差异的两种达成体类别

达成体所研究的效力／关联性到底是什么？对于这个问题，至今没有明确的回答。本小节将围绕这个问题，在现有的汉日对比先行研究的基础上进行一定的探讨。例如，在日语中有这样一个句子：

(333) 彼は<u>結婚している</u>。

"結婚する"（结婚）这一动词揭示的是婚姻的缔结，即在婚姻状况上所发生的一种变化。例句（333）中的"結婚している"，理所当然地揭示了主人公婚姻状况发生改变这一事实，然而仅凭该例句，是无法判断主人公在说话时间点上的婚姻状况的。例如：

（334）　a：僕は 1999 年に 1 度、結婚している。

（YAHOO! 网例句）

　　　　b：ある報告書によると、世界には 15 ～ 19 歳で既に結婚している少女が 4000 万人いるという。

（YAHOO! ニュース网例句）

上文例句（334）a 中的"結婚している"指的是"曾经有过结婚的经历，说话时间点上处于非婚的状态"，而例句（334）b 中的"結婚している"指的是"说话时间点上处于已婚的状态"，两者的含义是不一样的。

从这两者的差别中，可以知道，对于达成体的效力／关联性而言，有着不同的分类。在日语中，如例句（333）那样，在没有语境的情况下较难分辨出（334）a 与（334）b 的意义。而在汉语中则不然，两者的意义是极容易分辨的，因为在汉语中有不同的时体标记来对这两种意义进行区分。一般而言，在汉语中表示 a 意义时使用时体标记"V 过"，表示 b 意义时使用时体标记"V 了"，例如：

（335）a：有一位女同志，三十多岁了，不曾结过婚。

（汉日对译语料库《人啊，人》原文）

　　　b：我们结婚了，生活得十分幸福。

（汉日对译语料库《人啊，人》原文）

因此，笔者认为，对于达成体而言，可以根据效力／关联性的种类将其分为"经历达成体"与"存续达成体"两类。

在经历达成体中，"P＝经历"，即在时间轴上先发生的某一动作／事件对观察时间点的主人公而言，是作为某种经历而存在的，例如：

（336）日语：そして時時は視線をむかい合っている女性に向ける。美人である。—と言って、美人だと判定を下したのは食堂車にはいって来て、入口で一瞥した際のことで、むかい合って坐ってからは、相手の顔へは一度も視線を投げていない。

（汉日对译语料库《あした来る人》原文）

汉语普通话：他还不时地瞟一眼对面的女士。是个美人——这点他在餐车门口就已一眼看出。但在其对面落座之后，还一次也没敢正视过。

（汉日对译语料库《あした来る人》译文《情系明天》）

（337）日语：喜助は、この女が父に世話になったときいて、はっとした。どこかでみたと思ったのは、それでは父と一しょに武生か鯖江へいったときに、会っている女ではなかろうか。

（汉日对译语料库《越前竹人形》原文）

汉语普通话：听女子说到父亲曾照应过她，喜助惊呆了。喜助想，这女子有些面熟，会不会是自己同父亲一起去武生、鯖江时见过的女子？

（汉日对译语料库《越前竹人形》译文《越前竹偶》）

从动作 / 事件 $M_{i \to j}$ 起动的瞬间（起始时间点 i）开始，其对现实世界就开始有了某种影响。如果这种影响用____来表示的话，而时间轴上 i 之后的某点 e 是这种影响终结的时间点的话，对于经历达成体而言"$j \leftarrow e \to t$"的关系可以成立。经历达成体的图示如图 36 所示。

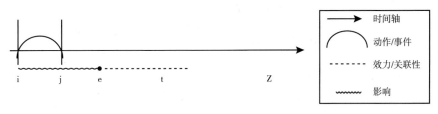

图 36　经历达成体的图示

经历达成体：

经历达成体：$P_{e \to}$

观察时间点 t：$t = t_{e \to}$

时间点 j、e、t 之间的关系：$j \leftarrow e \to t$

在存续达成体中，"P= 存续影响"，即在时间轴上先发生的某一动作 / 事件对于观察时间点的主人公而言，有着某种残存影响的存在。存续达成体与经历达成体的区别在于，这种影响在观察时间点 t 是否仍然有作用，例如：

（338）日语：報告者は報告の中で、それまでの広西における工作について詳細に報告し、同時にその後の工作についての考えも<u>提出している</u>。（汉日对译语料库《我的父亲邓小平》译文 1《わが父・鄧小平》）

汉语普通话：报告人在报告中，详细汇报了广西前一阶段的工作，并对今后的工作提出了设想。

（汉日对译语料库《我的父亲邓小平》原文）

（339）日语：その勇二郎叔父も五年前に死んでいる。

（汉日对译语料库《越前竹人形》原文）

汉语普通话：姑丈勇二郎五年前死了。

（汉日对译语料库《越前竹人形》译文《越前竹偶》）

在存续达成体上，日语和汉语有着明显的差异，即对于达成的界限点之间，有着不同的看法。

对于汉语的时体标记"V了"，至今为止有着较多的学说，其中比较权威的有黎锦熙（1924）、王力（1943，1944）、木村英樹（1977）等所支持的"完成说"；刘勋宁（1988）、刘月华（1989）、大河内康憲（1992）等所赞成的"实现说"以及劉綺紋（2006）的"界限达成说"。对于"了"的意义，"完成说"认为其表达的是某一动作／事件的完成与终结，"实现说"主张其表达的是某一动作／事件已然开始，即行为的实现。结合二者的区别及其他先行研究，劉綺紋（2006）在研究中指出"了"表达的是"界限达成"的意义，在观察中既会涉及起始时间点，也会涉及终结时间点，例如：

（340）古代，有个国王想用千金买一匹千里马。可是，买了三年没有买到。

昔、ある国王が千両で千里の馬を一頭買おうと考えていました。しかし、3年たっても買えませんでした。

［宮島達夫（1994：417）例句］

（341）a：他洗了澡就睡觉了。

彼は入浴してから寝た。

b：我洗了澡才发现浴缸里没热水。

入浴してから、浴槽にお湯がないのに初めて気づいた。

［劉綺紋（2006：47 例句）］

在例句（340）中，主人公国王有想要买的东西，在随后的三年间一直想要进行购买但是未能如愿。在汉语中，"买了三年没有买到"这一说法是成立的。例句（341）中的主人公先后进行了两个动作，（341）a 中是"洗澡→睡觉"，动作二"睡觉"的起始时间点 $i_{睡觉}$ 在动作一"洗澡"的终结时间点 $j_{洗澡}$ 之后；而（341）b 中则是"洗澡→发现浴缸里没热水"，动作二"发现浴缸里没热水"的起始时间点 $i_{发现浴缸里没热水}$ 则是位于动作一"洗澡"的起始时间点 $i_{洗澡}$ 与终结时间点 $j_{洗澡}$ 之间。

而与汉语普通话不同，在日语中，"3 年買っていたが買えませんでした""入浴していたが浴槽にお湯がないのに初めて気づいた"这样的说法是不成立的。理由在于，在日语中"買った／買っている$_{パーフェクト}$""入浴した／入浴している$_{パーフェクト}$"这样的说法，一般意味着此时对动作／事件进行观察的观察时间点 t 已经超越了终结时间点 j，在时间轴 Z 上位于终结时间点 j 之后。

这种现象，跟达成体的界限点有关。日语的达成体观察视角，是以动作／事件的终结时间点 j 为中心的，笔者将其称作"j 点达成型"的"单界限点达成体"。而汉语的达成体观察视角，则是关注起始时间点 i 点与终结时间点 j 点两者的，笔者将其称作"i 点达成型"与"j 点达成型"的"双界限点达成体"。

因此，根据时间轴 Z 上 i、j、t、e 的关系，存续达成体有 "i←t→j" 与 "j←t→e" 两种类型，其图示如图 37 所示。

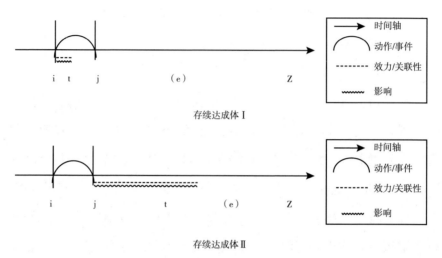

图 37　存续达成体的图示

存续达成体：

$$存续达成体 Ⅰ：　P = t_{i \leftrightarrow j}$$

观察时间点 t：t= $t_{i \leftrightarrow j}$（时间点 i、j、e、t 的关系：i←t→j、j→e）

$$存续达成体 Ⅱ：　P = t_{j \to}$$

观察时间点 t：t= $t_{j \to}$　（时间点 i、j、e、t 的关系：i→j、j←t→e）

因此，关于日语、汉语的达成体，可以得知：

一、日语中一般不区分经历达成体与存续达成体；

二、日语的达成体属于"单界限点达成体"，汉语的达成体则属于"双界限点达成体"。

第二节 日语及汉语的达成体

一 时体标记及分布位置

接下来将根据表5，介绍日语、汉语（普通话及粤方言）中的达成体标记，首先介绍经历达成体标记，然后介绍存续达成体标记。

日语中的达成体标记，有"シタ""シテイタ""シテイル""シテアル""シテアッタ"。如上文所分析，日语的达成体标记，一般不单独区分经历达成体与存续达成体，而是使用同样的形式，主要根据语境来进行判断。例如：

（342）カラコルム山脈。—ヒマラヤの奥地です。日本人はだれも足を踏み入れていないところです。もっとも一人だけカメラマンがその山のふもとまで行きました。

（汉日对译语料库《あした来る人》原文）

（343）今年は紺が女性の流行色だと新聞で報じていた。

（汉日对译语料库《あした来る人》原文）

（344）会っている？ だれだい？

（汉日对译语料库《あした来る人》原文）

（345）わたし、大森の川辺さんから御紹介していただいてあるかと思うんですが—

（汉日对译语料库《あした来る人》原文）

（346）抜き出した二通のうち、一つは女学校時代の級友である坂上時子からの手紙であった。級友の一人が近く結婚することと、一人が母親になったことを告げて来てあった。

（汉日对译语料库《あした来る人》原文）

另外，在日语中，当介绍主人公的某种过去的经历时，一般会使用
"シタコトガアル""シタコトノアル"等句型，例如：

（347）八千代は二回ここに父に連れられて来たことがある。

（汉日对译语料库《あした来る人》原文）

子犬がいる。どこかで見たことのあるような犬である。

（汉日对译语料库《あした来る人》原文）

在汉语普通话中，在表达经历达成体与存续达成体意义时有专门的时
体标记，在形式上有着显著的差别。

汉语普通话与汉语粤方言的经历达成体标记为"V 过"，例如：

汉语普通话：

（348）随随比我大几岁，念过三年书。

（汉日对译语料库《插队的故事》原文）

汉语粤方言：

（349）该团队曾负责过 4 届跨年晚会。

（香港文汇网例句）

对于存续达成体标记，汉语普通话的存续达成体标记为"V 了"，汉
语粤方言的存续达成体标记为"V 咗"。在汉语普通话中，"了"的义项

众多，众所周知其意义用法十分复杂。刘月华等（2001）指出汉语普通话中的"了"主要用法可以分为用在动词后的动态助词（与时体相关）以及用在句末的语气助词（主要与语态相关）两类，在某些复杂的例句（动词后＝句末）中，其意义可以发生重叠，甚至可能出现歧义句的现象。例如：

（350）去年我竟做梦似的<u>回了趟陕北</u>。（动词后）

（汉日对译语料库《插队的故事》原文）

（351）姑娘是她老邻居孟家的闺女孟蓓，<u>24 岁了</u>。（句末）

（汉日对译语料库《丹凤眼》原文）

（352）去年回清平湾去，我估计我那群牛中最可能还活着的就是它，我向老乡问起，人们说那牛也老了，<u>年昔牵到集上卖了</u>。（动词后＝句末，意义重叠）

（汉日对译语料库《插队的故事》原文）

（353）a：饭好了，<u>吃饭了</u>。

　　　 b：<u>我吃饭了</u>，不吃了。

［刘月华等（2001：391）例句，动词后＝句末，位于同一位置的歧义句］

在汉语粤方言中，"V 咗"表达动态助词的意义，而"喇"则表达句末语气助词的意义，因此相比汉语普通话，其规则性更强。例如，下文汉语粤方言例句（354）～（357），是根据上文例句（350）～（353）修改而成的：

（354）旧年我好似发梦咁<u>番咗次陕北</u>。（动词后的"咗"）

（355）个女仔系佢旧隔离屋个女孟蓓，24 岁喇。（句末的"喇"）

（356）大家话只牛都老咗喇，旧年底拉到市集卖咗喇。（意义重叠的情况下，使用"咗"＋"喇"）

（357）a：饭煮好喇，吃饭喇。

　　　　b：我吃咗饭喇，唔吃喇。

［根据刘月华等（2001：391）例句修改而成，位于同一位置却使用不同标记进行表达，并不会引起歧义］

在汉语普通话中，动词后的"V 了"为"了₁"，句末单纯表达语态意义的"了"为"了₂"，动词后＝句末、拥有重叠意义的为"了₃"，而从上述例句可以看出，在汉语普通话中，与达成体表达相关的标记是"了₁"与"了₃"。

因此，日语、汉语（普通话及粤方言）中的达成体标记，如表 21 所示。

表21　日语、汉语（普通话及粤方言）中的达成体标记

达成体	日语	汉语普通话	汉语粤方言
经历达成体	（シタコトガアル） （シタコトノアル）	V 过	V 过
存续达成体	シタ シテイタ シテイル シテアル シテアッタ	V 了₁ V 了₃	V 咗

二　与动词的连用情况

接下来将根据动词的类别进行说明。

达成体考察的是动作 / 事件界限点之后留存至观察时间点 t 为止的残存效力 / 关联性，因此日语、汉语（普通话及粤方言）中几乎所有的动态动词以及动作性较强的部分心理动词，都可以进行达成体表达。而对于状态性较强的部分心理动词与静态动词，日语和汉语在语言表现上有所差异。

①主体动作非过程性动词

主体动作非过程性动词的达成体，由于此类动词有着"动作一体化"这一特征，其内部 i=j，若动作发生 n（n ≥ 1）次，连用时该动作即刻结束，例如：

日语：

（358）28 日の試合後には「(ボールの) 上を叩いている…」

（YAHOO! ニュース网例句）

汉语普通话：

（359）我敲过她家的门了 $_2$？

（汉日对译语料库《人啊，人》原文）（经历达成体）

（360）正当我对着卷宗发愣的时候，有人敲了一下门，我应了一声，门被推开了。

（汉日对译语料库《天云山传奇》原文）（存续达成体）

汉语粤方言：

（361）后来，佢变得难以自控，用锤敲过仔嘅门。

（香港文汇网例句）（经历达成体）

（362）我哋敲咗二十分钟，班姊妹都唔开门。

（香港文汇网例句）（存续达成体）

②主体动作过程性动词

主体动作过程性动词，其表达的是 i 点与 j 点明确的动作／事件，是与达成体标记连用时出现汉日语言表现差异的一类极具代表性的动词。日语达成体为"j 点达成型"，而汉语达成体则是"j 点达成型"与"i 点达成型"皆有。例如：

日语：

（363）五番町へ行ったあくる日、実は私はすでに一つの試みをしている。

（汉日对译语料库《金閣寺》原文）（j 点达成）

汉语普通话：

（364）姥姥，甚至连不认字的姥姥也帮助过他做过作业。

（汉日对译语料库《活动变人形》原文）（经历达成体）

（365）现在已经记不清为什么要分灶了。好像还是因为仲伟做了一顿生饭。

（汉日对译语料库《插队的故事》原文）（存续达成体，j 点达成）

（366）做了菜才发现盐用完了。（存续达成体，i 点达成）

汉语粤方言：

（367）兜过唔少冤枉路，做过唔少测试，都係揾唔到病因。

（香港文汇网例句）（经历达成体）

（368）煮咗成日饭，腰骨都痛呀！

（香港文汇网例句）（存续达成体，j 点达成）

（369）<u>煮咗餸先知之前冇盐喇</u>。（存续达成体，i 点达成）

③主体变化非过程性动词

对于主体变化非过程性动词，第五章曾经提及，对于变化后阶段而言，日语可以表达结果体意义与达成体意义，而汉语则一般只表达其达成体意义。例如：

日语：

（370）堤防の上の道のまんなかに、一人の女が横に伸びて<u>死んでいる</u>のが遠くから見えた。

（汉日对译语料库《黒い雨》原文）（结果体）

（371）その勇二郎叔父も<u>五年前に死んでいる</u>。六十近くなるはずのもん叔母は、働かずには暮してゆけないので、中書島へ通っているのであった。

（汉日对译语料库《越前竹人形》原文）（达成体）

汉语普通话：

（372）这孩子一岁多时，<u>明娃死了</u>，死在山里。

（汉日对译语料库《插队的故事》原文）（达成体）

汉语粤方言：

（373）已经有三个人<u>死咗喇</u>。

（香港文汇网例句）（达成体）

在汉语中，变化点 c 为一瞬间的非过程性变化动词与"V 过""V 了"连用时，表达成体意义。

（374）你的电源线爆炸过吗？

（百度网例句）（经历达成体）

（375）视频中，一辆正在充电的电动车在 15 秒内爆炸了 3 次。

（百度资讯网例句）（存续达成体）

然而，有一个比较特别的例子，那就是"死"这一动词。在汉语中动词"死"与"V 过""V 了"连用时，根据语境，可以表示"无限接近于变化点 c 这一'死亡的瞬间'"的意义，例如：

（376）汉语普通话：这五年我死过几次了。

（百度网例句）

汉语粤方言：呢五年嚟我死过几次喇。

（377）汉语普通话：我死了三次没死成。

（百度网例句）

汉语粤方言：我死咗三次都死唔去。

例句（376）（377），表示的意义是至今为止在生活中已经数次濒临死亡。在日语中，这种根据语境可以表示"无限接近于变化点"的说法是不成立的。

④主体变化过程性动词

对于主体变化过程性动词而言，日语与汉语之间存在着时体意义上的差别。在日语中，使用同一时体标记也可以区分出结果体意义与

达成体意义。而在汉语中，没有日语中那样的结果体表达，只表达成
体意义，但可以根据不同的时体标记明确区分经历达成体与存续达
成体。

（378）日语：　彼女は最近病気で<u>痩せている</u>。（结果体）

汉语普通话：<u>她最近因为生病瘦了</u>。（存续达成体）

汉语粤方言：<u>佢最近因为病咗所以瘦咗</u>。（存续达成体）

（379）日语：　彼はこの数年間何度も<u>痩せている</u>。（达成体）

汉语普通话：<u>这些年他瘦过好几次</u>。

（百度网例句）（经历达成体）

汉语粤方言：呢几年<u>佢瘦过几次</u>。（经历达成体）

⑤主体动作主体姿势变化动词

主体动作主体姿势变化动词在日语和汉语中都可以表达结果体与达成
体意义，在日语中可以使用形式相同的时体标记表达这两种意义，而汉语
中使用的是不同的时体标记。例如：

（380）日语：<u>彼と向き合って坐っている若者</u>はひょうきん者で、
まだ年が若く、声も大人になりきっていないがひっきりなしに友達をか
らかっていた。

（汉日对译语料库《丹凤眼》译文《鳳凰の眼》)（结果体）

汉语普通话：<u>他对面坐着的一位</u>，是个"活宝"，岁数小，声音
细，不断和自己的朋友开玩笑。

（汉日对译语料库《丹凤眼》原文）（结果体）

汉语粤方言：<u>他对面坐住嗰位</u>，系个"活宝"，年纪细，把声细，

不断同自己嘅朋友讲笑。（结果体）

（381）日语：<u>韓德来はしばらく悶々として座っていた</u>が、やがて、ひざをたたいて拍子を取りながら、『四郎探母』の「西皮慢板」の一節を歌い始めた。

（汉日对译语料库《辘轳把胡同 9 号》译文《轆轤把胡同九号》）(结果体)

汉语普通话：<u>韩德来闷闷地坐了一会儿</u>，竟打着节拍，一个人唱起《四郎探母》那西皮慢板来……

（汉日对译语料库《辘轳把胡同 9 号》原文）（存续达成体）

汉语粤方言：<u>韩德来好闷咁坐咗一阵</u>，居然打住拍子，一个人唱起《四郎探母》呢出西皮慢板嚟……（存续达成体）

（382）日语：芦嘉川が出ていったのを知ると、余永沢はぐったりとして、<u>いまかれが坐っていた椅子</u>に腰をおろし、痩せた両腕で、しっかりと頭を抱えこんでしまった。

（汉日对译语料库《青春之歌》译文《青春の歌》）（达成体）

汉语普通话：余永泽看卢嘉川走了，一个人嗒然若丧地坐在卢嘉<u>川刚才坐过的桌子</u>前，用瘦胳膊紧紧抱着头。

（汉日对译语料库《青春之歌》原文）（经历达成体）

汉语粤方言：余永泽睇到卢嘉川走咗，一个人嗒然若丧咁坐喺卢<u>嘉川头先坐过嘅嗰张台</u>前面，用瘦瘦嘅手瓜紧紧咁揽住头。（经历达成体）

⑥主体动作主体变化（穿戴）动词

主体动作主体变化（穿戴）动词，在日语和汉语中可表达多种时体意义，其中包括结果体、达成体。以下仅列举达成体的相关例句：

日语—达成体：

（383）この服は三回着ている。

汉语—经历达成体：

（384）汉语普通话：很久以前我也似乎见她穿过同样的衬衫，但记不确切，只是觉得而已。

（汉日对译语料库《ノルウェイの森》译文《挪威的森林》）

汉语粤方言：好耐以前我都好似见佢着过同样嘅衬衫，但记唔确切，只系觉得嘛。

汉语—存续达成体：

（385）汉语普通话：晓梦，你还记得有一次你让我穿了你的舞鞋吗？

（汉日对译语料库《轮椅上的梦》原文）

汉语粤方言：晓梦，你仲记唔记得有次你比我着咗你对跳舞鞋？

⑦主体动作客体变化动词

主体动作客体变化动词，在日语和汉语中都可以表达达成体意义，例如：

日语—达成体：

移动变换

（386）苧麻で作った糸での織り体験が一度観光客の人気を集めているが、今一番大人気のはお茶体験だ。

（YAHOO! 网例句）

消除脱落

（387）六年間<u>何度も薬物を抜いていた</u>のに、やりたい欲求にスイッチが入ってしまう。

（YAHOO! ニュース网例句）

依附添加

（388）以前壁に<u>何度もポスターを貼っていた</u>が、今はなくなった。

所有关系变化

（389）その酒を<u>三回買っている</u>。

状态变化

（390）この文章はこれまで<u>何度も直している</u>。

汉语—经历达成体：

移动变换

（391）汉语普通话：小时候<u>收集过烟盒</u>，那是最值得回忆的时光。

（百度资讯网例句）

汉语粤方言：细个嗰阵<u>集过烟盒</u>，嗰段时光系最值得回忆嘅时光。

消除脱落

（392）汉语普通话：<u>拔过虎牙的人</u>都说后悔了！

（百度资讯网例句）

汉语粤方言：<u>搝过虎牙嘅</u>都话后悔啦！

依附添加

（393）汉语普通话：代金券未注有效期被拒用，商场称<u>已贴过告示</u>。

（百度资讯网例句）

汉语粤方言：代金券未标注有效期被拒用，商场话<u>经已黐过</u>告示。

<u>所有关系变化</u>

（394）汉语普通话：在庙会上姥姥给外孙女<u>买过</u>桂花茶汤、牛骨髓油茶、黑色的杏干糖和<u>结成奇妙的块状物的</u>棕黄色酸枣面。

（汉日对译语料库《活动变人形》原文）

汉语粤方言：喺庙会上面婆婆买过桂花茶汤、牛骨髓油茶、黑色嘅杏干糖同结成奇妙块状物嘅棕黄色酸枣面畀个外孙女。

<u>状态变化</u>

（395）汉语普通话：当年静珍<u>给他改过作文</u>，给他介绍过冰心和庐隐的著作。

（汉日对译语料库《活动变人形》原文）

汉语粤方言：当年静珍<u>同佢改过作文</u>，同佢介绍过冰心同庐隐嘅著作。

汉语—存续达成体：

<u>移动变换</u>

（396）汉语普通话：在这"传记"的基础上搞，这"传记"确实<u>收集了</u>小英雄的大量生平材料。

（汉日对译语料库《小鲍庄》原文）

汉语粤方言：喺呢份"传记"嘅基础上搞，呢份"传记"确实<u>收集咗</u>小英雄嘅大量生平材料。

<u>消除脱落</u>

（397）汉语普通话：他撕了几个高粱叶子，把刀口上的石沫子擦掉，<u>又拔了一棵细草</u>，试着刀锋。

（汉日对译语料库《红高粱》原文）

汉语粤方言：佢撕咗几块高粱叶，将刀口上嘅石沫抹晒，又揾咗<u>喬细草试刀锋</u>。

<u>依附添加</u>

（398）汉语普通话：墙上<u>贴了很多布票</u>，仔细看，有过期的也有当年的。

（汉日对译语料库《插队的故事》原文）

汉语粤方言：墙壁度<u>黐</u>咗好多布票，仔细睇，有过期嘅又有当年嘅。

<u>所有关系变化</u>

（399）汉语普通话：<u>我买了一只箱子，几身衣服，一顶皮帽子。</u><u>终于买了一双白色的"回力"鞋。</u>

（汉日对译语料库《插队的故事》原文）

汉语粤方言：我买咗只箱，几身衫，一顶皮帽。终于买咗一对白色嘅"回力"鞋。

<u>状态变化</u>

（400）汉语普通话：但高老夫子只是高傲地一笑；<u>他的确改了名字了</u>₂。

（汉日对译语料库《彷徨》原文）

汉语粤方言：但系高老夫子只系高傲噉笑一笑；<u>佢的确改咗名喇</u>。

⑧～⑪　心理动词

心理动词由于没有明确的起始时间点 i 与终结时间点 j，因此在日语中心理动词的达成体用法较少；而在汉语中，可以有经历达成体用法以及 i 点达成型的存续达成体用法。

从⑧⑨⑩⑪中，各选取一个有代表性的动词"想／谂""高兴／高兴""感受／感受""相信／信"进行分析。

汉语—经历达成体：

　　思考活动

（401）汉语普通话：以先他早已想过，须得捞几文稿费维持生活了。

（汉日对译语料库《彷徨》原文）

　　汉语粤方言：原先佢一早就谂过，必须要捞几文稿费嚟维持生活喇。

　　感情变化

（402）汉语普通话：一会儿庄严地议论，一会儿又纵情地大笑，都忍不住地激动。庄稼人哪，什么时候遇到过这样大的喜事儿，又这样高兴过呢？

（汉日对译语料库《金光大道》原文）

　　汉语粤方言：一阵庄严咁议论，一阵又纵情大笑，都忍唔住咁激动。乡下人喔，几时遇到过咁大嘅喜事儿，又咁高兴过呢？

　　感觉知觉

（403）汉语普通话：历史上那些被车裂的、被活埋的、被火烧的、被炮烙的、被蒸煮的，可曾有他这样的命运，可曾感受过这样的痛苦？

（汉日对译语料库《活动变人形》原文）

　　汉语粤方言：历史上嗰啲挨车裂嘅，挨生壅嘅，比火烧嘅，挨炮烙嘅，挨蒸煮嘅，有冇他嗽嘅命运，有冇感受过嗽嘅痛苦？

　　心理状态

（404）汉语普通话：他虔诚地相信过"因果报应"。

（汉日对译语料库《钟鼓楼》原文）

汉语粤方言：佢好虔诚咁信过"因果报应"。

汉语—存续达成体：

<u>思考活动</u>

（405）汉语普通话：想回一趟陕北，回我当年插队的地方去看看，<u>想了快十年了</u>₂。

（汉日对译语料库《插队的故事》原文）

汉语粤方言：想返一次陕北，返我当年插队嘅地方睇下，<u>谂咗就快十年喇</u>。

<u>感情变化</u>

（406）汉语普通话：而且只要他读了一点，自以为体会了一点，<u>高兴了一点</u>，就迫不及待地告诉别人。

（汉日对译语料库《活动变人形》原文）

汉语粤方言：而且只要佢读咗少少，自以为体会咗少少，<u>高兴咗少少</u>，就迫不及待嘅话界人知。

<u>感觉知觉</u>

（407）汉语普通话：但是她们却<u>感受了那无数热情的手臂</u>，那无数热情的面孔。

（汉日对译语料库《青春之歌》原文）

汉语粤方言：但系佢哋就<u>感受咗果啲无数热情的手臂</u>，果啲无数热情的面孔。

<u>心理状态</u>

（408）汉语普通话：许多次倪藻都<u>真诚地相信了父亲对自己的潜力的估计</u>。

（汉日对译语料库《活动变人形》原文）

汉语粤方言：好多次倪藻都<u>真诚咁信咗阿爸对自己潜力嘅估计</u>。

例句（401）~（408）为汉语例句，由于有着明确的时体标记，因此要判断其时体意义，是比较简单的。而例句（401）中的日语译文"……と考えていた"、例句（407）中的日语译文"……と感じていた"、例句（408）中的日语译文"……と信じていた"等，比起汉语中的达成体意义，笔者认为在日语中这些用法属于"想法""感觉""相信的某种状态"等"近似于状态的某种长期持续阶段"这一意义。

因此，对于兼具动作性与状态性的心理动词而言，汉语的达成体意义表达比日语要更广泛。

⑫ 静态动词

静态动词是表示状态、属性的动词，是起始时间点 i 与终结时间点 j 极其不明确的动词。日语中"シテイル"与此类动词连用时，几乎不表任何时体意义，表达的是超越时体意义的"状态、性质"等含义。汉语中达成体标记与此类动词连用的时候，则可以表达经历达成体与存续达成体意义，表示"经历""状态更新""状态存续"等意义。例如：

汉语 - 经历达成体：

（409）汉语普通话：五年分别之中，<u>她和四弟也有过几次吵架，几次误会</u>。

（汉日对译语料库《关于女人》原文）（经历）

汉语粤方言：五年嘅分别之中，<u>佢同四弟都争过几次交，有过几次误会</u>。

（410）汉语普通话：<u>我从来就没姓过爱新觉罗</u>。（百度网

例句）（经历）

　　汉语粤方言：我从来都<u>冇姓过爱新觉罗</u>。

汉语－存续达成体：

　　（411）汉语普通话：瞎子<u>从此有了自己的家</u>——他和随随。

　　（汉日对译语料库《插队的故事》原文）（状态更新）

　　汉语粤方言：<u>盲佬自此以后就有咗自己屋企喇</u>——佢同随随。

　　（412）汉语普通话：明娃妈三十五，这年龄要在北京，尚可飘飘扬扬地穿一身连衣裙。<u>明娃妈已经有了七个儿子</u>。

　　（汉日对译语料库《插队的故事》原文）（状态存续）

　　汉语粤方言：明仔阿妈三十五，呢个年龄喺北京嘅话，仲可以飘飘扬扬咁着条连衣裙。<u>明仔阿妈经已有咗七个仔</u>。

　　（413）汉语普通话：孩子<u>最后姓了外婆的姓</u>。（状态更新）

　　汉语粤方言：小朋友<u>最后姓咗婆婆嘅姓</u>。

第三节　达成体问题的相关讨论

一　达成体与动作/事件的界限点

　　从本章第一节、第二节的讨论中可以看出，动作／事件的界限点对于达成体表达而言，有着重要的影响。

　　第一，日语属于"j 点达成型"的"单界限点达成体"，而汉语则是"i 点达成型"与"j 点达成型"两者兼具的"双界限点达成体"。

　　第二，由这一特征可知，在起始时间点 i 与终结时间点 j 不明确的情况下，日语较难进行达成体的意义表达，而汉语则可以进行达成体的意义表达。从这一点上，可以理解日语、汉语中的达成体标记与心理动词、静态动词之间的连用。出现这样的使用差，还有一个重要的原因，就是本书第三章中提到的日语"シテイル"这一时体标记本身具有较强的期间性。对于期间性较强的日语时体标记"シテイル"而言，更容易达成接近于状态的长期期间表达。

二　从"R型动词"与"非R型动词"看日语及汉语的达成体

在第五章中，探讨了变化动词的分类——"R 型动词"与"非 R 型动词"。变化动词的"R 型动词"与"非 R 型动词"这一分类，除了对结果体研究有一定意义之外，对于达成体研究而言也是比较重要的。

由于日语中有着较多的"R 型动词"，其结果体表达与达成体表达的差异主要根据语境进行区分，在无提示的情况下一般优先进行结果体表达。而汉语中同时有着"R 型动词"与"非 R 型动词"，因此"非 R 型动词"可以只表达成体意义。

三　达成体与结果体

从前文结果体、达成体的定义、与动词的连用情况来看，结果体与达成体之间存在着一定的差异。典型的结果体关注先行动作／事件的残存结果，主要与变化动词连用；典型的达成体关注先行动作／事件的残存效力与关联性，除了可以与变化动词连用外还可以与动作动词连用，在特定语言（如汉语）之中甚至可以与心理动词、静态动词连用。

　　然而，在结果体与达成体之间，并不存在一条泾渭分明的界限。如图
38所示，左右两端为典型的结果体表达以及达成体表达，然而两者之间却
有着难以分割的接点。

结果体　　　　　　　　　　　　　　　　　　　　**达成体**

图38　结果体与达成体的关联

请看以下例句：

　　（414）あの人は北京に行っている。

　　例句（414）中的"行っている"，到底表达的是结果体意义，还是达
成体意义，其实是相当暧昧的。

　　（415）a：先週からあの人は北京に行っている。　　（结果体）
　　　　　b：以前あの人は北京に行っている。　　　　（达成体）

　　如例句（415）所示，例句（415）a表示的是主人公现在依然在北京，
是结果体用法；例句（415）b表达的是主人公过去的某一经历（经历也属
于效力的一种），是达成体用法。

第七章
日语及汉语中的存在动词语法化问题

　　如前文例句（1）～（5）所示，在世界诸多语言中，存在动词的语法化现象并不罕见。语言在不停地发展变化。在这个过程中，当一个词的词汇意义发生转变时，其与文中其他成分的组合搭配及其在句中的应用规则也会随之改变。一个词的意义从实词意义向功能意义的演化，在传统的汉语语言学研究中被称为"实词虚化"，在现代语言学研究中被称为"语法化"（grammaticalization）。本章将基于语法化的视角，探讨日语"シテイル""シテアル"，汉语普通话"在+V"及汉语粤方言"喺度+V"等存在型时体标记的语法化路径，并阐明日语、汉语普通话、汉语粤方言的存在动词语法化后的形式于语法化程度上的差异。

第一节　语法化

　　Hopper & Traugott（1993）曾经对"语法化"这一术语进行系统的阐释，中日两国的语言学研究者都曾对 Hopper & Traugott（1993）这一研究进行翻译。

「文法化」という術語には二つの意味がある。一つは、言語現象を説明する研究領域を指す術語であり、どのようにして文法的形式と構造が現れ、どのように使われ、どのように言語を形作るかということを研究のねらいとした言語学の分野を指す。…もう一つ、文法化の研究が示そうとする言語の実際現象、通りわけ、語彙項目（lexical items）が歴史とともにより文法的になる過程を指す。

（ホッパー・トラウゴット，1993，日野資成（訳）2003：2）

"语法化"这个术语有两个意思，一个意思涉及一种用来解释语言现象的研究框架，另一个意思则涉及语言现象本身……作为一个涉及研究框架的术语，"语法化"指关于语言演变研究的部分……作为一个涉及实际语言现象的术语，"语法化"在大多数情况下尤其指借以使特殊项因时间的推移而变得更具语法性的演变步骤。

（Hopper & Traugott，1993，梁银峰（译）2008：2）

作为一种语言现象的"语法化"，在传统的汉语语言学研究中，如沈家煊（1994）研究中所提及的那样，被称作"实词虚化"。这两种说法的侧重点有所不同。"语法化"更强调语法意义和语法形式的确立；而"实词虚化"更关注语言成分的意义是如何抽象化这一过程的。

近年随着存在型时体问题研究的不断深入，存在动词的语法化问题也受到了学界的关注。关于存在动词的语法化路径，有着较多的先行研究。其中，跟日语"いる""ある"相关的先行研究，主要围绕"いる"这一本动词的确立以及"シテイル""シテアル"形式的出现与意义发展而进行，例如金水敏（2006）、福嶋健伸（2011）等。跟汉语存在动词"在"相关的先行研究，主要搜集并分析了历史语料，对其各阶段的意义形成及历时的意义变迁进行了考察，例如张亚军（2002）、冯雪冬（2009）、于理想（2014）、鞠志勤（2016）等。

目前的先行研究中，与存在动词语法化问题相关的汉日对比研究较少。因此，本章将在整理历史语料的基础上引入粤方言研究，对日语、汉语（普通话及粤方言）中存在动词的语法化问题进行对比研究。

根据表5及上文分析，存在动词语法化后的形式存在于多种语言之中。表22为日汉存在型时体标记与时体范畴之间的关系对照表，从表中可以看出，与存在型时体标记关联更为密切的是进行体以及从进行体中派生出来的反复体；在时体范畴的分布上，日语存在型时体标记的分布范围更为广泛。

表22　日汉存在型时体标记与时体范畴之间的关系

语言		存在动词	时体范畴			
			进行体	反复体	结果体	达成体
日语		いる ある	シテイル	シテイル	シテイル シテアル	シテイル シテアル
汉语	普通话	在	在+V	在+V		
	粤方言	喺	喺度+V	喺度+V		

第二节　语法化路径

一　日语存在动词的语法化路径

金水敏（2006）曾对日语存在动词的语法化问题进行了十分深入的研究。根据金水敏（2006），从上古到近代，日语存在动词主要经历了1、2

的语法化过程：

1. 上古至中世：存在动词"あり"①以及主体动作主体姿势变化动词
"ゐる"②

从上古到中世纪，作为存在动词被广泛使用的，是"ある"的前身
"あり"，例如：

（416）安乎尓与之　奈良尓安流伊毛我　多可々々尓
　　　　　　ア ヲ ニ ヨ シ　　 ナ ラ ニ ア ル イ モ ガ　　 タ カ タ カ ニ

　　　　あをによし　奈良にある妹が　　高々に

　　　　麻都良牟許己呂　之可尓波安良司可
　　　　マ ツ ラ ム コ コ ロ　　 シ カ ニ ハ ア ラ ジ カ

　　　　待つらむ心　　　然にはあらじか

（《万葉集》十八・四一○七）

　　　　奈良尚有妹，遥望待君深。不识远游客，无心或有心。

（杨烈（译）《万叶集 下》：736）

（417）のこりなく　ちるぞめでたき　桜花　ありて世の中　はてのうけ
れば

（《古今集》卷二・七一）

　　　　樱花飘落尽，造化竟全功。一切人间事，临头总是空。

［杨烈（译）《古今和歌集》：21］

当时，"いる"的前身"ゐる"，是一个表示姿势变化的动词，表示的
是与"立つ / 站"相对的"すわる / 坐""とまる / 停"等含义，在特定的场
合能表示"座っている / 坐着""止まっている / 停止"的含义。

---

① "あり"是"ある"的古形。"あ"在文中例句假名注音中写作"ア"，两者读音同。
② "ゐる"是"いる"的前身。"ゐ"在文中例句假名注音中写作"ヰ"，两者读音同。

（418）三埼廻之　荒礒尓縁　五百重浪　立毛居毛　我念流吉美

　　み崎廻の荒礒に寄する　五百重波　立ちても居ても　我が

思へる君

　　《万葉集》四・五六八）

　　　　打岸千层浪，三埼绕复回。波涛虽起伏，能不念君哉。

　　［杨烈（译）《万叶集 下》：133］

（419）立念　居毛曽念　紅之　赤裳下引　去之儀乎

　　立ちて思ひ　居てもそ思ふ　紅の　赤裳裾引き　去にし姿を

　　《万葉集》十一・二五五〇）

　　　　手曳红裙去，翩翩有美姿。忽然浮此念，念此转多时。

　　［杨烈（译）《万叶集 下》：475］

　　之后，"ゐる"在使用中逐渐出现状态化的用法，并出现"ゐたり"这样的形式，其意义出现了进一步的抽象化，可以表达"滞在する/滞留""留まる/停留"的意思。在现代日语中依然可以一窥这种用法的痕迹。例如，在日本神社前经常可以看到名为"とりい/鸟居"的建筑物，这个单词中所表达的，就是"そのところに鳥が止まる/鸟儿停留于此处"之意。

　　2．中世至近代：本动词"いる"的确立，"シテイル""シテアル"之间的竞争

　　"ゐたり"这一形式的出现，对"ゐる"从姿势变化动词演变成存在动词而言，是十分重要的。"ゐたり"形逐渐发展为"いたる"形，在15世纪～16世纪的文献中，存在两个"いた"。根据金水敏（2006）的考察，其中一个是自古就有的、从古形中变化而来的形式，另一个则是从"いたる→いた"演变而来的。后者的出现，是存在动词"いる"确立的前奏。

（420）只舜ノイラル、処ハ成聚成邑成都デ人ガアツマルホドニ。
（《史記抄》二）

舜耕历山，历山之人皆让畔；渔雷泽，雷泽上人皆让居；陶河滨，河滨器皆不苦窳。一年而所居成聚，二年成邑，三年成都。
（《史记·十二本纪·五帝本纪》）

与此同时，在15世纪～16世纪已经出现了"シテアル"形。起初"シテアル"形的主语包括生物与非生物。在近代，随着存在动词"いる"的确立和"シテイル"形的出现，日语存在型时体标记"シテイル"形和"シテアル"形两者之间，也出现了用法上的区别。前者的主语主要为生物，而后者的主语主要为非生物。近代之后，"シテイル"的使用范围不断扩大，"シテアル"的使用范围也随之缩小。

金水敏（2006）的研究，对日语存在动词的语法化问题而言，是非常有价值的。

直至今日，日语存在型时体标记的语法化进程仍在继续，然而目前对这方面的考察并不多。因此笔者在搜集、整理、统计语料的基础上，对近现代日语存在型时体标记的语法化问题进行了探讨，即下文"3. 现代日语中'シテイル'的语法化倾向"部分。

3. 现代日语中"シテイル"的语法化倾向："イ抜き/イ省略"现象的出现与持续

当前，日语存在型时体标记的语法化进程依然持续着，其主要表现为"イ抜き / イ省略"（下面简称"イ省略"）现象。"イ省略"现象，顾名思义，指的就是在使用时省去"イ"不说的情况。益岡隆志·田窪行则（1992：173-174）曾经指出，语言在实际使用时存在语言减缩的现象，这种现象一般会发生在口语交流的单词和语句之中，根据方言以及交际场合的不同会出现不一样的表现。イ省略现象的本质，其实就是一种语言的减缩现象。

在现代日语中，近年"イ省略"现象越发显著，应用范围十分广泛。以"シテイル・シテル"为例，两者的混用并不罕见。例如：

（421）克平と喧嘩してるんです。お父さま、心配して、東京へ早く帰らせようと思っているんです。

（汉日对译语料库《あした来る人》原文）

（422）「おい、あのデカイ奴はたいした体をしてるな」彼が言っているのは小彬のことだ。

（汉日对译语料库《插队的故事》译文《遥かなる大地》）

（423）田舎にもこんなに人間が住んでるかと驚ろいた位うじゃうじゃしている。

（汉日对译语料库《坊ちゃん》原文）

（424）三人は切符所の前で軽く挨拶している。遠いから何を云ってるのか分らない。

（汉日对译语料库《坊ちゃん》原文）

（425）博物の教師は第一教場の屋根に鳥がとまってるのを眺めている。

（汉日对译语料库《坊ちゃん》原文）

以上例句（421）~（425）中，都出现了同时使用"シテル"和"シテイル"两种形式的现象，不难发现"シテル"形式更加偏向于口头语言，而"シテイル"形式则更加偏向于书面语。

为了考察"イ省略"现象自20世纪初至今经历了怎样的发展历

程，笔者搜集、整理了自 20 世纪初起、来自共计 42 部小说及电影作品的 2413 条对话语料。选择用对话语料来进行研究，是因为语言的减缩现象一般会先发生在口语交流活动之中。因此比起使用书面语语料，口语中的对话语料更能反映"イ省略"现象发展与变化的过程。在对语料进行整理时，将研究语料以 10 年为一年代，每个年代最少包括 150 条研究语料。①

接下来对这些语料的来源与搜索整理方法进行简单的说明。

语料来源：（1）20 世纪初到 20 世纪 20 年代的对话语料，主要以小说对话为主；（2）20 世纪 30 年代的语料，主要来自当时的小说对话以及当时无声电影中的字幕对话；（3）20 世纪 40 年代及之后各个年代的语料，主要来自该年代影像资料② 中的电影对话。

语料搜索整理方法：（1）小说对话语料主要来自汉日对译语料库中的日语小说，搜索关键词为日语中表示对话的方括号"「**」"；（2）无声电影对话语料，来自无声电影字幕；（3）电影对话语料主要参考了电影字幕，并根据实际的电影播放声音进行转写而得。

所得结果如表 23 及表 24 所示，其中表 23 为 20 世纪初至 21 世纪 10 年代"イ省略"现象的汇总情况表，表 24 为 20 世纪初至 21 世纪 10 年代"イ省略"现象的作品统计情况表。

---

① 为确保研究结果的正确性，减少由于样本数少而导致的误差，每个年代最少包括研究语料 150 条。每个年代之间，由于作品数的差异以及语料收集先后顺序等因素的影响，有超过 150 条研究语料存在的情况。本部分主要考察各年代"イ省略"现象的发展，比起关注各年代的具体语料数目，更加关注带"イ"形式与不带"イ"形式在作品中出现的比重。

② 本研究所使用的各年代无声电影及电影相关详细信息，详见正文后"语料来源 - 影像资料"。

表23 20世纪初至21世纪10年代"イ省略"现象的汇总情况

时间	作品数目	A	B	C	D	E	F	共计
20世纪初	4	76	57	32	3	6	1	175
20世纪10年代	4	105	17	37	4	12	2	177
20世纪20年代	1	150	43	51	13	13	0	270
20世纪30年代	2	9	99	1	38	1	7	155
20世纪40年代	6	13	156	6	31	0	8	214
20世纪50年代	7	17	128	10	23	1	16	195
20世纪60年代	3	7	132	9	43	1	11	203
20世纪70年代	2	19	114	6	37	0	9	185
20世纪80年代	4	29	96	16	33	1	3	178
20世纪90年代	3	30	162	11	27	3	22	255
21世纪初	3	23	80	12	37	0	12	164
21世纪10年代	3	43	114	28	31	3	23	242
共计	42	521 1 ： 2.30	1198	219 1 ： 1.46	320	41	114	2413

符号说明：

A シテイル　B シテル　C シテイタ　D シテタ　E シテイナイ・シテイナカッタ
F シテナイ・シテナカッタ

表24 20世纪初至21世纪10年代"イ省略"现象的作品统计情况

时间		作品情况		语料数量						共计
		作品名（作者/导演）		A	B	C	D	E	F	
20世纪初	1900	小说	《高野聖》（泉鏡花）	1	0	0	0	0	0	1
	1906		《破戒》（島崎藤村）	47	40	27	0	4	0	118
	1906		《坊ちゃん》（夏目漱石）	12	15	1	3	1	1	33
	1907		《蒲団》（田山花袋）	16	2	4	0	1	0	23
		共计作品4部		76	57	32	3	6	1	175

时间		作品情况		语料数量						共计
		作品名（作者 / 导演）		A	B	C	D	E	F	
20世纪10年代	1914	小说	《こころ》（夏目漱石）	44	17	3	3	9	2	78
	1915		《羅生門》（芥川龍之介）	0	0	8	0	0	0	8
	1916		《鼻》（芥川龍之介）	0	0	0	0	0	0	0
	1919		《友情》（武者小路実篤）	61	0	26	1	3	0	91
		共计作品 4 部		105	17	37	4	12	2	177
20世纪20年代	1924	小说	《痴人の愛》（谷崎潤一郎）	150	43	51	13	13	0	270
		共计作品 1 部		150	43	51	13	13	0	270
20世纪30年代	1932	无声电影	《大人の見る絵本　生れてはみたけれど》（小津安二郎）	2	7	0	0	0	0	9
	1937	小说	《雪国》（川端康成）	7	92	1	38	1	7	146
		共计作品 2 部		9	99	1	38	1	7	155
20世纪40年代	1947	电影	《安城家の舞踏会》（吉村公三郎）	1	14	1	2	0	0	18
	1947		《素晴らしき日曜日》（黒澤明）	2	19	0	1	0	1	23
	1948		《夜の女たち》（溝口健二）	2	9	2	8	0	4	25
	1949		《お嬢さん乾杯！》（木下惠介）	0	16	0	1	0	1	18
	1949		《野良犬》（黒澤明）	5	61	3	17	0	2	88
	1949		《晩春》（小津安二郎）	3	37	0	2	0	0	42
		共计作品 6 部		13	156	6	31	0	8	214

续表

时间		作品情况		语料数量						共计
		作品名（作者 / 导演）		A	B	C	D	E	F	
20世纪50年代	1951	电影	《カルメン故郷に帰る》（木下惠介）	1	2	1	0	0	0	4
	1952		《カルメン純情す》（木下惠介）	1	7	0	0	0	0	8
	1952		《お茶漬の味》（小津安二郎）	0	33	0	12	0	9	54
	1953		《日本の悲劇》（木下惠介）	1	12	3	0	0	0	16
	1954		《山の音》（成瀬巳喜男）	9	48	2	6	1	7	73
	1955		《遠い雲》（木下惠介）	2	8	0	4	0	0	14
	1957		《喜びも悲しみも幾歳月》（木下惠介）	3	18	4	1	0	0	26
		共计作品 7 部		17	128	10	23	1	16	195
20世纪60年代	1960	电影	《秋日和》（小津安二郎）	0	50	0	28	1	5	84
	1962		《秋刀魚の味》（小津安二郎）	0	46	1	6	0	2	55
	1967		《乱れ雲》（成瀬巳喜男）	7	36	8	9	0	4	64
		共计作品 3 部		7	132	9	43	1	11	203
20世纪70年代	1970	电影	《どですかでん》（黒澤明）	1	53	0	4	0	3	61
	1975	记录电影	《ある映画監督の生涯 溝口健二の記録》（新藤兼人）	18	61	6	33	0	6	124
		共计作品 2 部		19	114	6	37	0	9	185
20世纪80年代	1981	电影	《駅 STATION》（降旗康男）	10	34	3	16	0	2	65
	1982		《海峡》（森谷司郎）	5	19	2	5	0	1	32
	1986		《ブラックボード》（新藤兼人）	11	41	6	12	0	0	70
	1986		《落葉樹》（新藤兼人）	3	2	5	0	1	0	11
		共计作品 4 部		29	96	16	33	1	3	178

续表

时间		作品情况		语料数量						共计
		作品名（作者/导演）	A	B	C	D	E	F	
90年代	1991	电影	《八月の狂詩曲》（黒澤明）	1	18	2	3	0	1	25
	1995		《静かな生活》（伊丹十三）	21	50	9	13	1	8	102
	1996		《スーパーの女》（伊丹十三）	8	94	0	11	2	13	128
		共计作品 3 部		30	162	11	27	3	22	255
21世纪初	2000	电影	《十五才 学校 IV》（山田洋次）	8	20	3	13	0	4	48
	2002		《仄暗い水の底から》（中田秀夫）	3	28	3	16	0	8	58
	2008		《母べえ》（山田洋次）	12	32	6	8	0	0	58
		共计作品 3 部		23	80	12	37	0	12	164
10年代	2012	电影	《わが母の記》（原田眞人）	10	65	6	6	2	17	106
	2014		《ルパン三世》（北村龍平）	5	22	3	5	0	3	38
	2016		《残穢 ―住んではいけない部屋》（中村義洋）	28	27	19	20	1	3	98
		共计作品 3 部		43	114	28	31	3	23	242
				521	1198	219	320	41	114	2413

共计作品 42 部，研究语料 2413 条

符号说明：

A シテイル B シテル C シテイタ D シテタ E シテイナイ・シテイナカッタ

F シテナイ・シテナカッタ

　　从表 23、表 24 中可以知道"イ省略"现象的应用范围。"イ省略"现象主要发生在以"シテイル"为主的、包含"イ"的存在型时体标记中，包括"シテイル・シテル"、过去形"シテイタ・シテタ"、一般否定形"シテイナイ・シテナイ"、过去否定形"シテイナカッタ・シテナカッタ"。由于所得语料中一般否定形"シテイナイ・シテナイ"以及过去否定形"シテイナカッタ・シテナカッタ"的语料数目较少，因此以下分析，主要围绕"シテイル・シテル"和过去形"シテイタ・シテタ"展开。

　　在共计 42 部作品中，一方面，有 2 部作品既没有使用"シテイル"，也

没有使用"シテル"，占比 4.76%。除此之外，只使用"シテイル"形的作品有 2 部，占比 4.76%；只使用"シテル"形的作品有 4 部，占比 9.52%；两者混用的作品有 34 部，占比 80.95%。另一方面，有 4 部作品既没有使用"シテイタ"，也没有使用"シテタ"，占比 9.52%。除此之外，只使用"シテイタ"形的作品有 7 部，占比 16.67%；只使用"シテタ"形的作品有 8 部，占比 19.05%；两者混用的作品有 23 部，占比 54.76%。具体情况如图 39 所示。

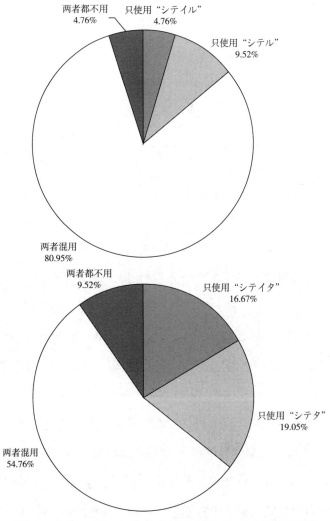

图39　作品中"シテイル""シテイタ"的"イ省略"情况

由于语料主要来自小说和电影，而每部作品所得语料数目不一，因此本次分析中虽然各个年代所得语料数量不一，但是各年代的语料数量都在150条以上。本部分考察主要关注各年代的"イ省略"现象发生的比例及其变化情况，具体如图40所示。

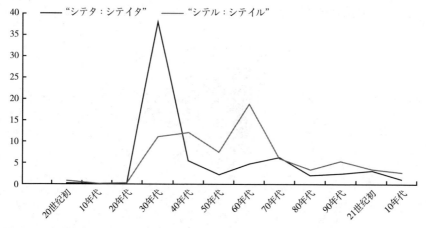

图40　20世纪初21世纪10年代"シテタ：シテイタ""シテル：シテイル"比例变化

从表23、图39及图40中，可以得知：

第一，イ省略现象，比起"シテタ"形，在"シテル"形上发生得更加广泛。从表23中可知，"シテル：シテル =1：2.3"，而"シテイタ：シテタ =1：1.46"；而如图40所示，浅色线代表"シテル：シテイル"，深色线代表"シテタ：シテイタ"，除了20世纪30年代以外，浅色线基本上都位于深色线的上方，这也跟图39中反映出来的结果相一致。

第二，イ省略现象，在20世纪30年代起发展十分迅速。对于イ省略现象发生的时间，根据现有的统计结果，这种现象在20世纪初的作品中已经出现，自20世纪30年代起开始快速发展。语言的发展变化与社会的发展变化有着密切的关系。中村通夫（1953）曾指出在1923年的关东大地震之后，为了重振经济，各地人口开始大量向首都移动。这一人口的大量移动，给东京地区带入了大量的方言元素。随后东京地区社会新阶层的出现，让不同人群之间出现语言使用上的区别，并最终引起了语言的变化。例如自 1928 年起，东京新上流阶层的知识分子在口语中开始使用"ラ抜き/ラ省略"这一表达，此后这种表达用法开始慢慢流行并普及开来。虽然"イ省略"现象和"ラ省略"现象的表现和发生机制有所不同，然而笔者认为关东大地震作为一场重大的自然灾害，给日本带来的社会变动和大规模人口移动，对"イ省略"现象的使用和传播产生了一定的影响。

在现代日语中，"シテイル・シテル""シテイタ・シテタ""シテイナイ・シテナイ""シテイナカッタ・シテナカッタ"等形式都处于两者混用并存的阶段。这种混用并存的状态，可以推测在今后将会继续长期存在。

新旧两种形式的混用并存阶段，对于语法化而言是一个非常重要的阶段。Hopper（1991）及沈家煊（1994）都曾总结语法化的相关规律原则。其中非常重要的一条就是"并存原则"（layering），即"一种新形式出现后，旧形式并不立即消失，新旧形式并存"（沈家煊，1994：19）。而在今后的使用中，这种混用并存的现象会继续发生变化。根据"择一原则"（specialization），"能表达同一语法功能的多种并存形式"（沈家煊，1994：19）会在今后的使用中经历筛选和淘汰。

因此，之后带"イ"形式与不带"イ"形式这两种用法到底是在语用和语义上逐渐分化开来，还是其中一方被另一方渐渐取代，是非常值得继续观察与研究下去的语言现象。

二 普通话存在动词语法化路径

汉语普通话中，"在"的用法主要有三个：存在动词、介词、时体标记。

> 动词：妈妈<u>在</u>厨房。
> 介词：妈妈<u>在</u>厨房做饭。／食<u>在</u>广州
> 时体标记：妈妈<u>在</u>做饭。

对于时体标记"在"的产生，张亚军（2002）、冯雪冬（2009）、于理想（2014）、鞠志勤（2016）等都进行过研究。参考这些先行研究，存在型时体标记"在"的语法化路径主要可以分为以下四个阶段。本小节所使用的例句，主要检索自古代汉语语料库。

1. 存在动词"在"及其动词项的抽象化

"在"是一个古老的动词，早在商代甲骨文中，就出现了以下的句子。

> （426）王<u>在</u>兹。
> （《甲骨文合集释文》：00816）
> （427）其求<u>在</u>父甲。
> （《甲骨文合集释文》：27370）
> （428）令吴省<u>在</u>南廪。
> （《甲骨文合集释文》：9638）

在中国最古老的按部首编排的汉字字典《说文解字》中，有"在，存也"的说明。因此"在"的原义，如例句（426）所示，是表示存在的实词。"存在"这一意义，跟"切""踢"等表示具体动作的动词意义不同，指的是持续地占据着某一特定空间，因此"在"的用法，跟空间有着非常

密切的关联。"空间"是一种无法触碰、无法分割的抽象化存在，受此影响"在"的意义也会出现相应的抽象变化。这种变化扩大到动词项中，就使得宾语和主语都出现了一定程度的范围扩张。如例句（427）所示，宾语从现实的某处扩张到某人（"父甲"）；或如例句（428）所示，主语从具体的某人抽象为某件事（"视察"），而例句（428）的用法也成为"在"介词化的前奏。

2. 存在动词与介词"在"的混用及介词"在"的确立

在周朝，"在"已经出现了动词和介词的使用区别。例如在中国最早的诗歌总集《诗经》中，有这样的句子。

（429）<u>鱼在</u>在藻，有颁其首。<u>王在</u>在镐，岂乐饮酒。
（公元前 11 世纪～前 6 世纪《诗经·小雅·鱼藻》）

例句（429）中的"鱼在在藻""王在在镐"内含两个"在"字，前者为存在动词，后者为介词。这种混用用法，是这一阶段的重要标志。在后来的仿古诗中，也有诗人模仿这一用法进行写作，例如：

（430）百司警列，<u>皇在</u>在陛。
［沈约（南北朝）5 世纪《梁三朝雅乐歌雍雅三》］

先秦的作品中，出现了"在＋时间""V＋在＋处所""在＋处所＋V"等用法，例如：

（431）<u>在十有二月</u>，惟周公诞保文武受民。
（公元前 8 世纪～前 3 世纪《尚书·洛诰》）

（432）禹往见之，则耕在野。

（公元前 4 世纪～前 3 世纪《庄子·天地》）

（433）子在川上曰：逝者如斯夫，不舍昼夜。

（公元前 6 世纪～前 5 世纪《论语·子罕》）

3. 与"正"的连用

此后，"在 + 场所 +V"的用法得到了广泛的使用，与处所名词中使用频率比较高的"此""彼"的连用开始变得普遍起来。而其与表示"当前时间点"的"正"的连用，引起了一系列的变化。"在 + 场所 +V"的用法，从以下例句中可按照时间顺序一窥其变迁。

（434）时有暴党魁帅，执刃庵前厉声曰："和尚在此间作什摩？"
师曰："吾在此间传心。"

（10 世纪《祖堂集》）

（435）圣人正在宫中饮，宣使池头旋折花。

［10 世纪 花蕊夫人（前蜀）《宫词》］

（436）如云急过，似鸟奔飞，正在商量，已却归殿。

（7 世纪～10 世纪敦煌变文）

例句（434）～（436）全部都是唐代的例句。在公元 8 世纪至 10 世纪之间，已经出现了例句（434）所示的"在 + 场所 +V"表达一定进行体意义的用法，然后，还出现了从例句（435）所示的"正 + 在 + 场所 +V"到例句（436）所示的"正 + 在 +V"的变迁。

"正"和"在"的连用，并不是一种偶然。"正"作为"征"的古字，从甲骨文中"人足往城池移动"到后来发展出"位置在中间（跟'侧、

偏'相对）""用于时间，指正在那一点上或在那一段的正中"（《现代汉语
词典（第7版）》：1670）等意义，其与"在"的连用反映出来的是从空间
域往时间域的投射与扩张。下面3个例句中，从某处〔例句（437）的"眼
睛"，为场所义〕、某种样子〔例句（438）的"发怒的模样"，表示正处
于某种状态之下〕，到某种心理状态〔例句（439）的"迷"属于心理动
词，此处的"迷时"揭示了时间〕，正反映了这种从空间域往时间域的投
射变迁。

（437）四体妍媸，本无关於妙处，传神写照，正 / 在阿堵中。

（9世纪《历代名画记》）

（438）君相正 / 在怒中，后当贵极人臣。

（8世纪《广异记》）

（439）彼之迷人，正在迷时。倏有悟人，指示令悟。

（8世纪《楞严经》）

之后出现了如例句（440）所示的"在+状态"、例句（441）所示的
"在+心理动词"的用法。

（440）十月十四日以病在告独酌。

（11世纪 苏东坡《十月十四日以病在告独酌》）

（441）入城定何时，宾客半在亡。

（11世纪 苏东坡《湖上夜归》）

以上是书面语的例句。在口语方面，从10世纪末宋朝起，随着经济
的发展和市民生活水平的提高，民间开始流行"话本"小说。同时佛教高

僧特意使用简单明了的话语来向市民传播教义，这些话语以语录的形式流传了下来。从话本和语录中，还可以看到口语中使用"这里/那里"广泛地取代了"此/彼"。

（442）师便喝云。许多秃子。<u>在这里觅什么碗</u>。

（11世纪《临济语录》）

在后来的实际使用中，"在这里/那里+V"中"这里/那里"的意义逐渐发生了虚化，指的已经不再是眼前较近/较远的真实空间，例如：

（443）这个物事要得不难。如饥之欲食，渴之欲饮，如救火，如追亡，似此年岁间，看得透，活泼泼地<u>在这里流转</u>，方是。

（《朱子语类》卷八）

（444）如自家欲为善，后面又有个人<u>在这里拗你莫去为善</u>；欲恶恶，又似有个人<u>在这里拗你莫要恶恶</u>，此便是自欺。

（《朱子语类》卷十六）

（445）苍苍之谓天。运转周流不已，便是那个。而今说天有个人<u>在那里批判罪恶</u>，固不可；说道全无主之者，又不可。

（《朱子语类》卷一）

此时的"在这里/那里+V"依然可以跟"正"连用，引发了后来"正在这里/那里+V""正在+V+之际""正在+V"等多种连用结构的出现和使用强化，为汉语存在型时体标记"在+V"的确立埋下了伏笔。

4. 存在型时体标记的确立

随着口语中"正在"的广泛连用，"在"从"在+处所"这一结构中逐渐独立出来。在明清传奇小说中，可以看到"在+V"形式已经得到了确立。

（446）敢<u>在做梦</u>也。

（16世纪《牡丹亭》）

（447）你一个男子人，如今又戴上纱帽<u>在做官</u>哩。

（17世纪《醒世姻缘传》）

（448）我们游戏归游戏，<u>心内原在做诗</u>。

（19世纪《青楼梦》）

（449）太太起先因他一夜不回，<u>还在闹气</u>。

（20世纪《官场现形记》）

"在"的"存在动词→介词→时体标记"这一语法化过程，并不是旧意义取代新意义，而是从基本义中不断发展出新意义的一个过程。在这其中，"在"跟"正"的连用起到了非常重要的作用，正是这种用法让"在"得以从与处所名词连用的介词用法中独立出来，并最终发展成为可以表达时体意义的语法标记。

三　粤方言存在动词语法化路径

在汉语粤方言中，"喺"的用法主要为存在动词与介词，在时体表达方面，"喺"与"在"不同，并不是一个独立的标记，而是主要以"喺度"的形式与动词连用。本小节主要探讨为什么会出现这样的区别。

汉语粤方言现存较早的资料，都为19世纪以后的资料，主要为当时天主教传教士所用的粤语教材以及翻译成粤语的宗教书籍。本小节所使用的分析语料，主要来自早期粤语标注语料库、早期粤语口语文献语料库、香港二十世纪中期粤语语料库等语料库，前两个语料库收录的书籍有重复。从近代的资料①中，可以一窥汉语粤方言存在动词"喺"的语法化路径。

整理 19 世纪至 20 世纪初的近代资料 14 册，所得结果如下。

表 25　近代粤方言资料中"喺"的意义分布

年份	书名	动词	介词		准时体标记
			V+ ~ N	~ N+V	喺（~）处
1828	*Vocabulary of the Canton Dialect*	12	5	5	0
1883	*Cantonese Made Easy*（1st edition）	2	0	0	0
1841	*Chinese Chrestomathy in the Canton Dialect*	11	0	3	1
1872	《马可传福音书（广东土白）》	34	0	79	2
1877	《散语四十章》	10	0	20	0
1877	*Easy Phrases in the Canton Dialect of the Chinese Language*（2nd Edition）	5	0	5	1
1888	*Cantonese Made Easy*（2nd edition）	1	1	0	0
1888	*A Chinese and English Phrase Book in the Canton Dialect*	20	9	17	0
1899	*The Gospel according to St. Mark in English and Cantonese*	32	0	78	2
1902	*How to Speak Cantonese*（2nd Edition）	39	5	48	3
1907	*Cantonese Made Easy*（3rd edition）	21	0	5	0
1912	*How to Speak Cantonese*（4th Edition）	37	8	55	3
1924	*Cantonese Made Easy*（4th edition）	26	0	7	0
1931	*Progressive and Idiomatic Sentences in Cantonese Colloquial*	23	5	34	0
合计		273	33	356	12

①　原语料库中收录的资料中使用的是繁体汉字。本小节中在显示所使用资料（包括书名、语料等）时，使用简体汉字，特注。

在近代资料中，"喺（～）处"的用法较为普遍。"处"指的是"某处所""某地点"的意思，例如：

（450）佢喺边处住呢。　　　Where does he live?

[*Cantonese Made Easy*（*1st edition*）Lesson 6 Line7]

"喺（～）处"这一用法在某些例句中可以表达一定的时体意义。例如：

（451）耶稣心中，忽然知到有奇能喺自己处出……

[《马可传福音书（广东土白）》第五章第三十节]

Immediately Jesus, perceiving in Himself that the power proceeding from Him had gone forth …

（*New American Standard Bible*: Mark 5.30 ）

（452）你喺处做乜野?

（*Easy Phrases in the Canton Dialect* Lesson 6 No.22 ）

有一点值得注意的是，跟普通话中意义已经抽象化的"在这里 / 那里 +V"相比，粤方言中使用得更多的不是与之相对应的"喺哩处 / 嗰处 +V"，而是省略了表示空间远近的"哩 / 嗰"，保留处所词"处"。

另外，在近代资料中还记录了一个非常有参考价值的句子。

例句（453）是一个官话用法和方言用法混杂的句子，从"正在喺處悲哀啼哭"这一混杂着官话表达与方言表达的小句中，可以看出，在当时的官话中"在"已经从介词用法中得到一定程度的解放，而粤方言的"喺"在形式上依然被制约在与处所名词连用的结构里。

（453）平日共耶稣同伴嘅人，<u>正在喺处悲哀啼哭</u>，呢个女人。

（《马可传福音书（广东土白）》第十六章第十节）

She went and reported to those who had been with Him, while they were mourning and weeping.

（ *New American Standard Bible* : Mark 16.10 ）

随后，从香港二十世纪中期粤语语料库中整理得来的电影对白语料显示，在 20 世纪中期，粤方言中"喺道 +V"[①]的用法已经出现。

表 26　20 世纪中期粤方言资料中"喺"的意义分布

时间	动词	介词		时体标记 喺道 +V
		V+ ~ N	~ N+V	
1952 ~ 1966	127	66	214	9

在 20 世纪中期，"喺道"这一形式已经出现了一定程度的固化，其与动词连用，表达一定的时体意义。

（454）你又<u>喺道</u>搞咩呢你？

（电影《十月芥菜》）

（455）少青，乜你一个人<u>喺道</u>饮酒呀？

（电影《恨不相逢未嫁时》

将汉语普通话的"在 +V"和粤方言中的"喺度 +V"进行比较，就可以发现粤方言中的"喺度 +V"依然处于"在 +V"的前一阶段。"喺"并

---

① "喺道"与"喺度"发音相同。在香港二十世纪中期粤语语料库中，其使用的记录文字为"喺道"。因此，本部分在举该语料库语料为例时，使用文字"喺道"。

没有从"喺+处所名词+V"这一形式中完全独立出来。粤方言与普通话之间存在的这种语法化进程不一致的现象，论及其原因，笔者认为与粤方言中另一个时体标记"V紧"有关系。

"V紧"是当前汉语粤方言中表达进行体及反复体意义的主要时体标记，也是汉语粤方言中独有的一个时体标记。片冈新（2010）、（2018）指出，粤方言时体标记"V紧"的"紧"，表示的是"近"的意思。在19世纪有"移动动词+紧+嘞"的说法，表示的是"向某处（嘞）逐渐移动（V=移动动词）靠近（紧）"的意思。随后，"V紧嘞"形逐渐发展成为"V紧"形，与该结构连用的动词范围也在扩大，从只与移动动词连用发展到可以与其他动词连用。也是由于这样，"V紧"逐渐发展成为粤方言中的进行体标记。如本书第四章第三节所论述的那样，由于进行体与反复体之间有着密切的内在关联，"V紧"同时也发展出了反复体意义。

因此，受到"V紧"的影响，汉语粤方言"喺度+V"的语法化进程与汉语普通话并不一致。

四　不同的语法化路径

从以上分析中，可以看出日语、汉语普通话和汉语粤方言的存在型时体标记，其语法化路径之间存在着较为显著的差异。

现代日语的存在动词"いる"，最开始是作为主体动作主体姿势变化动词而存在的，其语法化路径中非常重要的一点是经历了作为存在动词的本动词的确立。在本动词"いる"得以确立之后，又发展出了存在型时体标记"シテイル"，且在与另一个存在型时体标记"シテアル"的竞争中获得优势地位，其应用范围得到了扩张。此外，从20世纪初开始，由于社会生活的变化，其在口语中出现了一定的语言减缩现象，其语法化的过程即"イ抜き／イ省略"现象仍在持续发展变化之中。带"イ"形式与不带"イ"形式的并存与竞合，将是下一阶段语法化现象中值得关注的研究对象。

而汉语中的存在动词往存在型时体标记变迁的过程，受到句中其他成分相当大的影响，如汉语普通话中"在"与"正"的连用、汉语粤方言中的"喺度+V"与"V紧"的关系等。

第三节　语法化的不同阶段

一位日本学生在完成"请就图41回答问题"这一练习时，给出了例句（456）中的回答。

图41　"王先生在做什么？"

注：原图来自栗山昌子·市丸恭子『初級日本語ドリルとしてのゲーム教材50』，アルク，1992：92，有文字添加。

（456）＊ 王先生在收款台在付钱。

例句（456）是一个语法不正确的句子。出现这种误用，是学生受到了母语日语中"……で……をしている"用法的负迁移影响。

当句中存在其他成分时，日语、汉语（普通话及粤方言）有着不同的表达。

日语：

（457）a：王さんは精算<u>している</u>。

b：王さんはカードで精算<u>している</u>。

c：王さんはレストランで精算<u>している</u>。

汉语普通话：

（458）a：王先生<u>在</u>付钱。

b：王先生<u>在</u>刷卡付钱。

c：王先生<u>在餐厅里</u>付钱。

汉语粤方言：

（459）a：王生<u>喺度</u>埋单。

b：王生<u>喺度</u>碌卡埋单。

c：王生<u>喺餐厅（度）</u>埋单。

从上面几个例句可以看出，在日语的存在型时体标记"シテイル"中"テイル"是紧跟在动词词干之后的，在"シテアル"中也是如此。在句中出现其他成分的时候，如例句（457）b、（457）c 所示，存在型时体标记无论是其形式还是其意义都不会发生变化。而在汉语普通话中，由于是"在 +V"的结构较为松散，因此"在"与动词之间是可以插入其他成分的，如例句（458）b，句中有两个动词，成了连动句，"在"表示时体意义；而例句（458）c 中，存在的意义与时体意义出现了重叠。在汉语粤方言中，由于是"喺度 +V"结构，因此"喺度"与动词之间也是可以插入其他成分的，如例句（459）b，句子是有两个动词的连动句；甚至于由于"喺度"本身并没有完全从"喺＋处所名词"这一结构中独立出来，可以将"～度"替换成其他具体的处所名词，如例句（459）c中的"喺＋处所名词＋（度）"，其存在于某个具体空间的存在义与时体义不仅重叠，而且前者的意义更为明显。

由以上分析可知以下两点。

第一，日语的存在型时体标记，比起汉语的存在型时体标记，其与动词之间的联系更加紧密。

胡壮麟（2003：89）就曾指出在语法化进程中，自动化的过程十分重要。原本独立的两个成分各自舍去某些独有的特征，形成一个临时的组合。这个组合在今后的使用中，或是被淘汰，或是作为一个整体被固定了下来。从自动化的角度来看，"シテイル""シテアル"中动词词干与"テイル""テアル"之间的结合更为紧密，整体结构的固定程度更高。也因此，日语的存在型时体标记"シテイル""シテアル"中的"イル""アル"几乎已经完全丧失了原有的实在意义。与之相对的是汉语存在型时体标记"在＋V""喺度＋V"中，"在""喺度"与动词之间的结合较松散。其中汉语粤方言的"喺度＋V"由于并没有完全丧失其实在意义，没有完全从"喺＋处所名词"这一结构中独立出来，"喺＋V"这一说法是不成立的。因此，甚至可以在"喺度"的中间插入某些成分，例如：

（460）全家喺晒度煮饭。

由此可知，"喺度＋V"中的"喺度"与动词之间的结合最为松散，整体结构的固定程度较低，是一个灵活性较强的组合。

存在动词向存在型时体标记语法化的过程，其实质是语言表达从空间领域向时间领域的投射与扩张。空间概念是人的身体体验中最为重要的基本概念。这一投射与扩张同时也是从具体领域向抽象领域的投射与扩张。这种投射与扩张，与人的认知规律是相一致的。

第二，汉语普通话中的存在型时体标记，其独立性要高于汉语粤方言中的存在型时体标记。

如例句（459）b、（459）c、（460）所示，汉语粤方言中的存在动词"喺"，其语法化后的形式"喺度+V"在表达时体意义的同时，并没有从"喺+处所名词"这一结构中完全独立出来，这也意味着其实在意义丧失的程度，要低于汉语普通话及日语。

第四节　日语及汉语存在型时体标记的语法化程度差

存在动词语法化后的形式，即存在型时体标记虽然广泛地存在于多种不同的语言中，而由于不同语言的使用人群及其社会文化发展存在着差异，不同语言的存在型时体标记之间自然也存在着差别。

如前文所述，从在时体系统中的分布来看，日语存在型时体标记的时体范畴分布最为广泛，特别是"シテイル"，可以应用于进行体、反复体、结果体、达成体之中，称其是日语时体系统的核心之一也不为过。汉语的存在型时体标记，不管是在普通话还是粤方言中，主要表达的是进行体及其衍生出的反复体意义，比日语存在型时体标记的时体范畴应用范围要窄。

从与动词的关系来看，日语存在型时体标记"シテイル""シテアル"，比起汉语普通话中的"在+V"、汉语粤方言中的"喺度+V"，与动词的联系更为紧密。其原因是"シテイル""シテアル"几乎完全丧失了其实在

意义，只是作为单纯的语法成分在句中表达时体意义，而汉语普通话的"在 +V"及汉语粤方言中的"喺度 +V"，根据语境可以出现意义的重叠，在一定程度上进行实在意义的表达。

从意义历时变迁的语法化路径来看，日语存在动词"ある"主要经历了"存在动词→存在型时体标记（后期在与"シテイル"的竞争中应用范围有所缩减）"的语法化路径；日语存在动词"いる"主要经历了"动作动词（主体动作主体姿势变化动词）→存在动词→存在型时体标记（后期在与"シテアル"的竞争中应用范围有所扩大）→イ省略现象持续中（带"イ"标记与不带"イ"标记混用并存阶段）"的语法化路径，并且其语法化当前仍在持续中；从这种历时的变迁中，可以看出日语存在型时体标记的抽象化程度越来越高，如今几乎完全丧失了实在意义，且正在经历语言形式缩减的新一轮变化。汉语普通话和汉语粤方言中的存在型时体标记，其语法化路径基本都沿着"存在动词→介词→存在型时体标记"的方向发展，然而汉语普通话中"在"与"正"的连用，使得"在"得以从"在 + 处所名词（这里／那里）+V"的结构中解放出来；而粤方言中由于"V 紧"形作为时体标记得以发展确立并占据了主体地位，使得已经出现了处所意义虚化的"喺度 +V"依然处于"喺 + 处所名词（度）+V"这一结构中。因此汉语粤方言中的"喺度 +V"的语法化进程依然位于汉语普通话"在 +V"的上一个阶段，从两者的对比研究中可以感受到语言发展变迁的巨大魅力。从语法化路径及阶段来看，汉语普通话"在 +V"的独立性要高于汉语粤方言"喺度 +V"。

在日语、汉语普通话、汉语粤方言中，存在动词语法化后的形式于时体系统应用范围、与动词的关系、实在意义的保留程度、语法化路径等各方面存在着差异，具体如表 27 所示。

表 27　日语、汉语普通话、汉语粤方言中的存在型时体标记差异

	日语		汉语普通话 "在+V"	汉语粤方言 "喺度+V"
	シテイル	シテアル		
时体系统中 的应用范围	进行体 反复体 结果体 达成体	结果体 达成体	进行体 反复体	进行体 反复体
与动词关系	紧接在动词之后 与动词的关系最为紧密		位于动词前 与动词之间可以插入其他成分	
实在意义	几乎完全丧失		可以出现实在意义 与抽象语法意义的 意义重叠	可以表示一定 的语法意义， 实在意义的保 留程度比较高
语法化路径	主体动作主体姿势变化 动词"ゐる" ↓ "ゐたり"形 ↓ "いたる"形 ↓ "いた"形 ↓ 存在动词"いる"的确立 ↓ "シテイル"形的确立 ↓ 在与"シテアル"形的竞争 之中，使用范围逐步扩大 ↓ "イ省略"现象的出现及发 展，当前正处于带"イ"标 记与不带"イ"标记的混用 并存阶段	存在动词"あり" ↓ 存在 动词"ある" ↓ "シテアル"形 ↓ 随着"シテイル" 这一形式的出现 与使用上的普 及，在两者的竞 争之中，"シテア ル"形的使用范 围逐步缩小	存在动词 ↓ 介词 ↓ 在+处所名词+V ↓ 在这里/那里+V ↓ （与"正" 的连用） ↓ 在+V	存在动词 ↓ 介词 ↓ 喺+处所名词 +V ↓ 喺 （～）处+V ↓ （"V紧"的 影响） ↓ 喺度+V
			独立性："在+V"＞"喺度+V"	

　　根据表 27，可以得知日语、汉语普通话、汉语粤方言的存在型时体标
记之间存在着语法化程度上的差异。日语存在型时体标记的时体范畴分布

最广，与动词的联系最为紧密，几乎完全丧失了实在意义，语法化程度最高；汉语粤方言存在型时体标记仍未完全从"喺＋处所名词（度）＋V"结构中独立，与动词的联系最为松散，保留了相当程度的实在意义，语法化程度最低；汉语普通话则介于二者之间。因此，在语法化程度上，有"日语＞汉语普通话＞汉语粤方言"的差异。

第八章
结语

第一节　总结

　　围绕日汉存在型时体问题进行的对比研究，跟存在型时体标记的应用范围、时体标记与动词的连用情况、存在动词的语法化问题等各个研究课题都有着密切的关联。因此，若对此问题进行深入研究，不仅能够明确日语、汉语在语言学上的不同特征，对于将日语或汉语作为第二语言的外语教学而言也有着重大的意义。

　　本书主要围绕日语及汉语的存在型时体问题，以"シテイル"为研究基盘，按照进行体与反复体、结果体与达成体的研究顺序，对日语、汉语（普通话及粤方言）中的时体标记、与动词的连用情况、表现特征、语言差异等角度进行了考察。对这一考察的结果进行整理后，具体如表28所示。

表 28　日语及汉语（普通话及粤方言）的时体范畴及时体标记对照表

时体范畴			日语	汉语	
				普通话	粤方言
典型时体范畴	1	完成体	スル シタ		
	2	进行体	シテイル シテイタ	在 +V V 着	V 紧 喺度 +V
	3	结果体	シテイル シテイタ シテアル シテアッタ	V 着	V 住 V 紧
	4.1	存续达成体	シタ　｜ シテイル シテイタ シテアル シテアッタ	V 了$_1$ V 了$_3$	V 咗
非典型时体范畴	4.2	经历达成体	シタコトガアル シタコトノアル	V 过	V 过
	5	反复体	スル シタ シテイル シテイタ	V 了又 V 及其变体 在 +V V 着	V 紧 喺度 +V V 开$_1$ （反复 - 惯常体）
	6	将行体		将要 / 将 / 要 V	就嚟 V
	7	起始体	シハジメル	V 起来 / 开	V 起上嚟 / 起身
	8	终结体	シオワル		
	9	继续体	シツヅケル	V 下去	V 落去
	10	回复体			V 翻
	11	始续体			V 开$_2$

　　与先行研究相比，本书主要在以下三个问题上，提出了些微拙见。

　　第一，至今为止许多先行研究围绕着"持续性"这一问题进行了诸多有益的探索与讨论，取得了十分丰硕的成果。然而对于"持续性"这一性质的内部，相关探讨仍比较少。本书从探讨汉语粤方言中的两个进行体标记开始，通过对日语、汉语普通话、汉语粤方言进行对比研究，提出了持续性的内部包含事态性及期间性这两种属性。事态性是具体的、场景依存的，而期间性则是抽象的、非场景依存的。当期间性的持续时间极其长时，此时的动作／事件将接近于某种性质或状态。事态性与期间性这两种性质存在于所有的进行体标记中，当一种语言中存在着两个或两个以上的进行体标记时，不同的标记之间在事态性与期间性上会存在差异；不同语言的进行体标记之间，在事态性与期间性上也会有所差异。就日语、汉语普通话、汉语粤方言的进行体标记的事态性与期间性而言，汉语粤方言"V紧"的事态性最强，而日语"シテイル"的期间性最强。

第二，至今为止的先行研究，对于反复体的探讨较少，几乎没有日语、汉语相关的对比研究。本书在搜集、整理、分析语料的基础上，从不同的角度对日语、汉语（普通话及粤方言）中的反复体语料进行了考察，并指出了持续性中存在不同的阶段，随着持续性的增强，会出现"进行体→反复体→惯常→习惯→状态／性质"的阶段变化。同时，研究指出反复体与进行体之间有着十分密切的关联。进行体是表达动作／事件进行或处于进程中的一类重要时体范畴，反复体则是进行体的衍生与延长。两者之间的界限不是绝对明晰的。事态进行体与事态反复体的接点，是主体动作非过程性动词，这类动词的主要特征是"同质动作一体化"；而期间进行体与期间反复体的接点，是心理动词，这类动词的特征是其内部同质程度较高。

第三，本书就日语、汉语普通话、汉语粤方言的存在动词语法化问题进行了对比研究，明确了其在语法化程度上存在着"日语＞汉语普通话＞汉语粤方言"的语言差异。在日语、汉语普通话、汉语粤方言中，存在动词的语法化路径各不相同。日语的"ある"的语法化路径主要为"存在动词→存在型时体标记"，"いる"的语法化路径主要为"主体动作主体姿势变化动词→存在动词→存在型时体标记→イ省略现象的持续（带'イ'标记与不带'イ'标记将长期混用并存）"。而在汉语普通话和汉语粤方言中，存在动词基本都沿着"存在动词→介词→存在型时体标记"的方向发展，然而由于受到不同语言成分的影响，其语法化路径出现了差异。语法化现象变迁的时间虽然较长，然而从本书的研究中可以看出，语法化的进程仍在持续，今后这一课题依然有着极大的研究价值。

第二节　后续研究课题

本书主要围绕日语、汉语（普通话及粤方言）存在动词语法化之后的形式，对其时体意义、语言差异、语法化路径及程度差进行了考察。今后，将继续就以下课题开展考察与研究。

一　对"シテイル"相关时体问题的深入探讨

从表 28 中可以看出，在日语的时体系统中，"シテイル"占据了非常重要的地位。如何运用语言对比研究的成果，从新的角度对日语的时体问题进行研究，是今后的一项重要课题。"シテイル"，有着时体用法及非时体用法。在本书中，在探讨日语、汉语（普通话及粤方言）的进行体标记时，曾经指出三者之间日语"シテイル"的期间性最强。期间性这一性质与持续性有着极深的关联，在第四章的讨论中就曾经指出持续性存在着不同的阶段。因此，在本书的基础上，今后将继续从"シテイル"的期间性入手，分析其对"シテイル"的非时体用法的影响，考察并分析"シテイル"的时体用法与非时体用法之间的关联与接点。

此外，汉日存在型时体标记的达成体问题也将是今后研究的一个课题。与该问题相关的研究成果，对于汉语作为第二语言进行教学的语言课堂而言，有着非常重要的意义。今后笔者也将在本书的基础上，对达成体问题进行更加深入的研究。

二　对汉语普通话与方言时体问题的深入研究

本书引入了部分汉语粤方言的内容，这样的做法对于分析持续性的事态性与期间性、反复体问题、持续性的各阶段、方言中的特有用法、历时的语法化路径、语法化程度差等问题，有着重要的意义。汉语的普通话与方言之间，有着千丝万缕的联系。将方言问题研究好、研究透，对于汉语普通话研究而言，有极大的参考作用。今后，笔者也会继续进行方言相关的语言文化研究，对汉语普通话与汉语粤方言的时体问题进行进一步的探讨与分析，希望能继续通过多语言的对比研究，映照出汉语、日语乃至世界诸语言灿烂非凡的语言世界的一角。

三　面向日本汉语学习者的汉语时体教育问题

如何将时体问题的相关研究成果运用到实际的课堂之中，是一个非常值得思考的问题。而随着人工智能技术的发展以及后疫情时代的到来，教育的形式也正在发生剧烈的变化。面向海外汉语学习者的线上教学问题，已经成为研究的热点问题。接下来，以面向日本汉语学习者的网络教育与线上课堂为例，进行简要的分析。

1. 日本的网络汉语教学情况

进入新时代，伴随着网络技术的发展与智能设备的普及，通过信息技术进行学习的 E ラーニング（Electronic Learning）也在快速发展。视频资料的活用、教材电子化、远程教育、MOOC 等电子课堂、网络大学等，都逐一投入了使用。

在疫情出现之前，面向外国人的远程国际汉语教育课程就已经开展得如火如荼。刘永权、张铁道（2013）曾就远程国际汉语教育课程的规划与教学机制进行研究。根据刘永权、张铁道（2013），在 101 个远程国际汉语教育课程网站中，综合性网站占 38.6%，内含多种教学资源；教师培训网站占 20.8%，面向对外汉语教师，内容主要为对外汉语理论研究与教学法研究；考试（HSK）网站占 14.9%，主要分享考试资讯，网站浏览者可以进行自测自练；内容学习网站占 25.7%，以直播课堂为主，兼具教学资源分享与课程教学。

而日本外语教学相关的学习网站也在急速发展，以网络汉语教室为例，根据"オンライン中国語スクール比較サイト"①，截至 2020 年 3 月 21 日，日本共有 24 所线上汉语课堂，一般提供的是有偿语言培训服务，有着独特的经营方式与盈利模式。笔者曾总结其中一家线上汉语课堂的运营模式，如图 42 所示。

从图 42 中可以看出，网络汉语教室的课程，主要是通过 Skype 等免费的通信软件以及网页来进行远程实时授课的。同时，学生进行课程预约及课程评价、教师提供课程反馈以及跟学生之间的沟通等课程相关的工作，也是通过网络进行的。

在疫情发生之前，日本汉语学习者可以根据自己的学习需要以及日程计划，选择线下课程或线上课程。但是随着疫情突袭而至，社会各行各业都受到了影响，人们的生产生活开始从线下大规模向线上转移。教育工作也不例外，教学的主要场所从线下课堂变成了线上课堂，也因此给国际汉语学习者及教学工作者带来了挑战。接下来将简要分析后疫情时代线上汉

---

① オンライン中国語スクール比較サイト，即线上汉语课堂比较网，网址：https://01chinese.com/（20200321）。

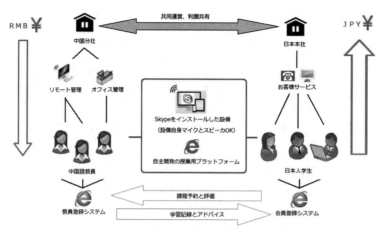

图 42 某网络汉语教室的经营方式与盈利模式

语教学所面临的挑战。

2. 后疫情时代线上教学的挑战

国际汉语教育行业，在疫情下面临着新变化、新挑战。课堂转移至线上，使得授课的形式、班级的规模等都与线下课堂有所不同。在收集、整理汉语听说课实时课堂教学视频及音视频软件后台数据的基础上，从参与、交互、挑战、技术运用等维度研究学习者的线上学习行为投入后，分析结果显示，与传统线下课堂相比，学习者的线上学习行为呈现出了参与专注度较难监控、交互模式从"网状"向"放射状"转变、完成复杂的语言任务难度增大、多设备跨平台使用等特点。

参考 McKinney & James D. Mason & Jeanne Perkerson & Kathi Clifford & Miriam (1975)，彭文辉、杨宗凯、黄克斌（2006），李爽、王增贤、喻忱、宗阳（2016）等学者的先行研究，学习者的线上学习行为投入研究维度如表 29 所示。

表29   学习者的线上学习行为投入研究维度

研究维度	研究子维度	具体探讨问题
1. 参与	基本参与情况	出勤情况、作业情况、课堂活动配合情况
	专注	是否跟随教师节奏、课堂实时反馈如何
	坚持	学期课程完成度、学期作业完成度
2. 交互	师生互动 生生互动	话语分析、话语控制、话语反馈等
3. 挑战	任务挑战	如何对待课堂上的语言任务
	焦虑与挫折	是否出现焦虑与挫折、如何处理焦虑与挫折
4. 自我监控	计划	有无明确的学习计划
	时间管理	如何进行时间管理
	评价	自我评价、对教师教法的评价、课程评价
	自我效能感	是否实现了预期目标
5. 技术运用	故障排除	计算机问题处理、网络突发状况处理
	技术探索	计算机基本技能掌握、基本软件应用、新技术探索
	互联网资源	网络资源利用、汉语学习应用程序使用情况

在线上课堂，学习者的专注度较难被监控，这是由线上课堂的宽松环境以及若干故障的影响导致的。

学习者参加线上课堂进行学习，其基本参与情况（包括出勤、作业、课堂配合度）以及坚持等子维度方面的表现，都可以通过点名、考勤等常规方法进行考察与监督。然而在参与专注度这一子维度上，与线下课堂不同，线上课堂依托于网络环境进行，学习者所处的物理学习环境远不如线下课堂，没有教师面对面的指导监督和同学们一起学习所营造出的学习氛围，部分场依存的学习者有可能不能获得与线下课堂一样稳定的学习支持。

此外，由于线上课堂的载体为网络，相关故障的出现对于学习者的参与专注度而言，存在一定的影响。根据学习者的反馈及音视频软件后台数据记录，线上课堂中出现的故障可以分为物理故障与技术故障两大类。物理故障，主要与学习者所处的物理环境有关，例如停电而导致无法参与线上学习；技术故障，主要与计算机设备及网络条件有关，可以分为硬件故障（计算机设备或耳机、麦克风等配件出现问题）、软件故障（音视频软件无法正常使用）、网络故障（网络不畅而导致的离线掉线）三类。

此外，线上课堂中，师生互动及生生互动的交互模式也发生了极大变化。

在线下课堂，由于师生处于同一物理环境之中，教师可以使用单独的话语指示以及手势语，来指导学生进行练习。而线上课堂会限缩教师对课堂的监控及教师体态语在课堂上的使用。这就导致了课堂上交互模式从线下课堂的"网状"改变为线上课堂的"放射状"，具体如图43所示。

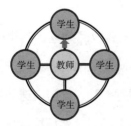 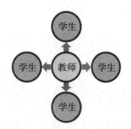

图 43-1　线下课堂的"网状"交互模式　　　图 43-2　线上课堂的"放射状"交互模式

图 43　课堂交互模式的改变

交互模式从"网状"向"放射状"的转变，意味着与线下课堂相比，线上课堂中生生互动急剧减少而师生互动增多。由于课时是固定不变的，此时如果教师不进行相应的调整，学生在听说课上的开口率有可能会受到影响。

调整的关键，在于要进行更高效的师生互动。然而在开口率和学生练习频次得到保证的背后，是练习层次和练习质量会受到一定的冲击，即在线上课堂中学生完成复杂的语言任务难度会增大。

练习的种类一般可以分为机械练习、意义练习及自由表达练习三种。在线上课堂，学生面对机械练习（重复、模仿、替换等）时，一般没有问题，可以顺利完成；在面对简单的意义练习（单句问答、短对话等）时，大部分学生可以很快作答；在面对较为复杂的意义练习（复述填空）和自由表达练习时，部分学生会保持沉默或表示无法作答。由于线上课堂有着参与专注度低监控的特点，一旦线上课堂进入沉默，课堂气氛就会受到比较明显的影响。

笔者认为，学习者在线上课堂完成复杂的语言任务难度增大的原因是，这类语言任务在线下课堂中往往是由学习者共同协作完成的，而交互模式的变化，也使得教师很难在线上课堂中组织学习者进行有效协作，这也导致了他们在单独面对这些语言任务时，挑战的难度因此相对增大了。

前文曾提及学习者在线上课堂中遇到的主要故障问题，其中硬件故障、软件故障和网络故障都属于技术故障。不同的故障有着不同的排除方式。物理故障受物理环境制约，几乎不可能即时排除，学习者遇到物理故障，只能通过事后观看录播课程视频来进行自主学习。然而技术故障，与设备条件相关联，因此笔者发现部分学习者在线上学习时，呈现出了多设备跨平台使用的特点，即同时使用多台设备联网、在课上利用多个平台的不同功能同时进行学习，来实现更换设备登录音视频软件、即时搜索相关信息、与老师沟通等操作。

如何提升线上课堂的教学水平，保证并提高线上课堂教学质量，是每一位教师在后疫情时代都不得不面对及解决的重要问题。

第三节　写在最后

　　本书主要以"シテイル"为研究基盘，围绕日汉语存在型时体问题展开了研究，就其在不同时体范畴——进行体与反复体、结果体与达成体之中的表达与差异进行了探讨，在此过程中，对于继续性内部的事态性与期间性、持续性的不同阶段、日汉存在动词的语法化等问题，提出了个人的一些看法。本书是一段时间内研究的成果，也仅仅是一系列研究的开端，今后将继续就各个后续研究课题，展开更为深入的考察与探讨。

参考文献

日语参考文献

安平鎬・田惠敬：「日韓両言語における「反復相」を表すアスペクト形式について—韓国語のアスペクト形式の文法化を中心に—」，『日本学報』02，1-16，韓国日本学会，2008。

アリストテレス（古代ギリシア），中畑正志・早瀬篤・近藤智彦・高橋英海（訳）：『命題論』，『アリストテレス全集 1　カテゴリー論；命題論』，岩波書店，2013。

白愛仙：「"有着"構文について」，『日中言語対照研究論集』第 17 号，154-170，日中対照言語学会，2015。

陳薇：「浙江省嵊州方言の一回的動詞をめぐって」，『中国語学』256 号，47-66，日本中国語学会，2009。

張岩紅：「"過"に訳す日本語表現について—「スル」「シタ」「シテイル」「シテイタ」の体系を中心に」，『日中言語対照研究論集』第 6 号，66-78，日中対照言語学会，2004。

張岩紅：「特殊文型中における動態助詞"着"の機能について」，『日中言

語対照研究論集』第 7 号，63-83，日中対照言語学会，2005。

張岩紅：「"V1 着 V2"と"一边 V1 一边 V2"との関係について」，『日中言語対照研究論集』第 8 号，90-107，日中対照言語学会，2006。

張岩紅：「日中対照研究からみる継続義を表すアスペクトについて」，『日中言語対照研究論集』第 9 号，64-76，日中対照言語学会，2007。

藤井正：「「動詞＋ている」の意味」，金田一春彦（編）『日本語動詞のアスペクト』，97-116，むぎ書房，1976。

藤田昌志：『日中対照表現論―付：中国語を母語とする日本語学習者の誤用について―』，白帝社，2007。

福嶋健伸：「～テイルの成立とその発達」，青木博史（編）『日本語文法の歴史と変化』，119-149，くろしお出版，2011。

春木仁孝：「MOURIR の時制―「語り」における複合過去の機能―」，大阪大学言語文化部・大阪大学大学院言語文化研究科（編）『現代フランス語のテンス・アスペクト・モダリティー：言語文化共同研究プロジェクト 2000』，1-14，大阪大学言語文化部，2001。

橋本進吉：『国語学概論』，岩波書店，1946。

橋本進吉：『国語法研究』，岩波書店，1948。

橋本進吉：橋本進吉博士著作集刊行会（編）『橋本進吉博士著作集 第 7 冊 国文法体系論：講義集第 2』，岩波書店，1959。

ホッパー P. J.・トラウゴット E.C.，日野資成（訳）：*Grammaticalization*（1993），『文法化』，九州大学出版会，2003。

彭飛：「「V＋テイル」構文と「在＋V」「V＋着」構文との比較研究―「在＋V」構文の"在 1"～"在 6"をめぐって―」，彭飛（編）『日中対照言語学研究論文集 中国語からみた日本語の特徴、日本語からみた中国語の特徴』，287-326，和泉書院，2007。

池上嘉彦：『「する」と「なる」の言語学—言語と文化のタイポロジーへの試論』，大修館書店，1981。

井上優：「中国語・韓国語との比較から見た日本語のテンス・アスペクト」，『月刊言語』12，26-31，大修館書店，2001。

井上優・生越直樹・木村英樹：「テンス・アスペクトの比較対照　日本語・朝鮮語・中国語」，生越直樹（編）『シリーズ言語科学 4 対照言語学』，125-159，東京大学出版社，2002。

影山太郎：『動詞意味論—言語と認知の接点—』，くろしお出版，1996。

影山太郎（編）：『日英対照　動詞の意味と構文』，大修館書店，2001。

柏野健次：『テンスとアスペクトの語法』，開拓社，1999。

木村英樹：「中国語（テンス・アスペクト）」，森岡健二・宮地裕・寺村秀夫・川端善明（編）『講座日本語学 11　外国語との対照』，19-39，明治書院，1982。

木村英樹：「動詞接尾辞"了"の意味と表現機能」，大河内康憲教授退官記念論文集刊行会（編）『大河内康憲教授退官記念中国語学論文集』，157-179，東方書店，1997。

金田一春彦：「国語動詞の一分類」，『言語研究』15, 48-63，日本言語学会，1950。

金田一春彦（編）：『日本語動詞のアスペクト』，むぎ書房，1976。

金水敏・工藤真由美・沼田善子：『日本語の文法 2　時・否定と取り立て』，岩波書店，2000。

金水敏：『日本語存在表現の歴史』，ひつじ書房，2006。

国立国語研究所：『現代日本語動詞のアスペクトとテンス』，秀英出版，1985。

工藤真由美：「現代日本語のパーフェクトをめぐって」言語学研究会（編）

　　『言語学研究会の論文集・その3　ことばの科学』，53-118，むぎ書房，
　　1989。

工藤真由美：『アスペクト・テンス体系とテクスト―現代日本語の時間の表
　　現―』，ひつじ書房，1995。

工藤真由美：「西日本諸方言と一般アスペクト論」，『月刊言語』7，34-40，
　　大修館書店，1998。

工藤真由美：「述語の意味類型とアスペクト・テンス・ムード」，『月刊言語』
　　12，40-47，大修館書店，2001。

工藤真由美（編）：『日本語のアスペクト・テンス・ムード体系―標準語研究
　　を超えて―』，ひつじ書房，2004。

工藤真由美：『ひつじ研究叢書〈言語編〉第111巻　現代日本語ムード・テ
　　ンス・アスペクト論』，ひつじ書房，2014。

久野暲：『日本文法研究』，大修館書店，1973。

丸尾誠：「中国語の移動動詞について　―日本語・英語との比較という観点
　　から―」，記念論文集編集委員会（編）『平井勝利教授退官記念　中国
　　学・日本語学論文集』，357-372，白帝社，2004。

益岡隆志：『命題の文法―日本語文法序説』，くろしお出版，1987。

益岡隆志・田窪行則：『基礎日本語文法―改訂版―』，くろしお出版，
　　1992。

益岡隆志・仁田義雄・郡司隆男・金水敏：『シリーズ言語の科学5　文法』，
　　岩波書店，1997。

益岡隆志：『日本語文法の諸相』，くろしお出版，2000。

益岡隆志：『三上文法から寺村文法へ―日本語記述文法の世界―』，くろし
　　お出版，2003。

益岡隆志：「日本語の存在型アスペクト形式とその意味」，岸本秀樹・影山

太郎（編）『レキシコン研究の新たなアプローチ』，113-133，くろしお出版，2019。

松下大三郎：『標準日本文法』，紀元社，1924。

三宅登之：「日本語と対照から見た中国語のアスペクト」，『語学研究所論集』15，193-213，2010。

三宅登之：「6. テンスとアスペクト」，沖森卓也・蘇紅（編）『中国語と日本語』，45-53，朝倉書店，2014。

宮島達夫：『動詞の意味・用法の記述的研究』，秀英出版，1972。

宮島達夫：『語彙論研究』，むぎ書房，1994。

宮島達夫・仁田義雄（編）：『日本語類義表現の文法（上）単文編』，くろしお出版，1995。

水谷信子：『日英比較　話しことばの文法』，くろしお出版，1985。

森田良行：『動詞の意味論的文法研究』，明治書院，1994。

森山卓郎：『ここからはじまる日本語文法』，ひつじ書房，2000。

村上三寿：「動詞のうけみのかたちにおける結果相」，言語学研究会（編）『言語学研究会の論文集・その3　ことばの科学』，135-146，むぎ書房，1989。

中村通夫：「「来れる」「見れる」「食べれる」などという言い方についての覚え書」，金田一博士古稀記念論文集刊行会（編）『金田一博士古稀記念言語・民俗論叢』，579-594，三省堂，1953。

日中対照言語学会（編）：『日本語と中国語のアスペクト』，白帝社，2002。

仁田義雄：「日本語結合価文法序説─動詞文シンタクスの一つのモデル─」，『国語学』98，112-93，国語学会，1974。

仁田義雄：『日本語文法研究序説─日本語の記述文法を目指して─』，くろしお出版，1997。

仁田義雄・村木新次郎・柴谷方良・矢澤真人：『日本語の文法 1　文の骨格』，岩波書店，2000。

仁田義雄：『仁田義雄日本語文法著作選第 1 巻　日本語の文法カテゴリをめぐって』，ひつじ書房，2009。

仁田義雄：『仁田義雄日本語文法著作選第 3 巻　語彙論的統語論の観点から』，ひつじ書房，2010a。

仁田義雄：『仁田義雄日本語文法著作選第 4 巻　日本語文法の記述的研究を求めて』，ひつじ書房，2010b。

大河内康憲：「実現体としての「了」」，『中国語』386，34-37，1992。

大河内康憲（編）：『日本語と中国語の対照研究論文集』，くろしお出版，1997。

奥田靖雄：「アスペクトの研究をめぐって ―金田一的段階――」，『宮城教育大学国語国文』8，51-63，1977。

奥田靖雄：『ことばの研究・序説』，むぎ書房，1985。

奥田靖雄：「時間の表現（1）」，『教育国語』94 号，2-17，教育科学研究会国語部会，1988a。

奥田靖雄：「時間の表現（2）」，『教育国語』95 号，28-41，教育科学研究会国語部会，1988b。

奥田靖雄：『奥田靖雄著作集 2　言語学編 1』，むぎ書房，2015a。

奥田靖雄：『奥田靖雄著作集 3　言語学編 2』，むぎ書房，2015b。

王学群：「中国語の「V 着」について」，『日中言語対照研究論集』創刊号，71-89，日中言語対照研究会，1999。

王学群：「「V 着 zhe」のかたちの命令文について」，『日中言語対照研究論集』第 2 号，106-123，日中言語対照研究会，2000。

王学群：「地の文における "V 着（zhe）" のふるまいについて」，『日中言語

対照研究論集』第 3 号，60-80，日中言語対照研究会，2001。

王学群：「会話文における"V 着"と"在（…）V"のふるまいについて」，『日中言語対照研究論集』第 4 号，72-90，日中言語対照研究会，2002。

王学群：「限定語としての"V 着"」，『日中言語対照研究論集』第 5 号，10-22，日中対照言語学会，2003。

王学群：「付帯状況を表す"V 着"について」，『日中言語対照研究論集』第 6 号，52-64，日中対照言語学会，2004。

王学群：「"V 着（zhe）"のかたちの命令文再考」，『日中言語対照研究論集』第 7 号，45-62，日中対照言語学会，2005。

王学群：「"了"再考—"达界"説の有効性をめぐって」，『日中言語対照研究論集』第 8 号，62-76，日中対照言語学会，2006。

王学群：「"看着不順眼"について」，『日中言語対照研究論集』第 12 号，107-122，日中対照言語学会，2010。

王学群：「日本語の「シテイル」と中国語の"V 得…"について」，『日中言語対照研究論集』第 16 号，45-67，日中対照言語学会，2014。

王学群：「形容詞＋"着 zhe"の意味用法について」，『日中言語対照研究論集』第 19 号，137-153，日中対照言語学会，2017。

盧濤：『中国語における「空間動詞」の文法化研究—日本語と英語との関連で—』，白帝社，2000。

劉綺紋：『中国語のアスペクトとモダリティ』，大阪大学出版会，2006。

讃井唯允：「コムリーのアスペクト論と日本語・中国語のアスペクト体系」，日中対照言語学会（編）『日本語と中国語のアスペクト』，67-78，白帝社，2002。

宋栄芬・王卓：「中国語の"着"と日本語の「テイル」「テアル」の対照比較」，『神戸医療福祉大学紀要』14(1)，107-113，2013。

鈴木重幸:「日本語の動詞のすがた（アスペクト）について──～スルの形と～シテイルの形」，金田一春彦（編）『日本語動詞のアスペクト』，63-82，むぎ書房，1976a。

鈴木重幸:「日本語の動詞のすがた（アスペクト）について──～シタの形と～シテイタの形」，金田一春彦（編）『日本語動詞のアスペクト』，83-96，むぎ書房，1976b。

高橋太郎:「文中にあらわれる所属関係の種々相」，『国語学』103，1-17，国語学会，1975。

高橋太郎:「すがたともくろみ」，金田一春彦（編）『日本語動詞のアスペクト』，117-154，むぎ書房，1976。

高橋太郎:『動詞の研究─動詞の動詞らしさの発展と消失─』，むぎ書房，1994。

高橋太郎:『動詞九章』，ひつじ書房，2003。

高橋弥守彦:「"我看了书"は非文と言えるだろうか」，『日中言語対照研究論集』創刊号，13-49，日中言語対照研究会，1999。

高橋弥守彦:「「動詞＋"过"＋空間名詞」の中の"过"について」，『日中言語対照研究論集』第6号，17-34，日中対照言語学会，2004。

寺村秀夫:『日本語のシンタクスと意味Ⅱ』，くろしお出版，1984。

時枝誠記:『日本文法 文語篇』，岩波書店，1954。

于康・張勤（編）:『中国語言語学情報2 テンスとアスペクトⅠ』，好文出版，2000。

于康・張勤（編）:『中国語言語学情報3 テンスとアスペクトⅡ』，好文出版，2001a。

于康・張勤（編）:『中国語言語学情報4 テンスとアスペクトⅢ』，好文出版，2001b。

于康：「第 3 章　第 3 節　日本語と中国語」，縫部義憲（監修）多和田眞一郎（編著）『講座・日本語教育学　第 6 巻　言語の体系と構造』，141-155，スリーエーネットワーク，2006。

上野誠司・影山太郎：「移動と経路の表現」，影山太郎（編）『日英対照動詞の意味と構文』，40-68，大修館書店，2001。

山田小枝：『アスペクト論』，三修社，1984。

山田孝雄：『日本文法論』，宝文館，1908。

山田孝雄：『日本文法講義』，宝文館，1922。

山口直人：「"有界""无界"と非対格性の仮説―2 つの異なる"V 着"存在文をめぐっての有効性をめぐって」，『日中言語対照研究論集』第 8 号，77-89，日中対照言語学会，2006。

山梨正明：『認知言語学原理』，くろしお出版，2000。

吉川武時：「現代日本語動詞のアスペクトの研究」，金田一春彦（編）『日本語動詞のアスペクト』，155-323，むぎ書房，1976。

汉语参考文献

陈平：《论现代汉语时间系统的三元结构》，《中国语文》6，401-422，中国社会科学院，1988。

陈前瑞：《汉语体貌系统研究》，博士学位论文，华中师范大学，2003。

陈前瑞：《汉语体貌研究的类型学视野》，商务印书馆，2008。

陈前瑞：《语法化与汉语时体研究》，学林出版社，2017。

陈忠：《汉语时间结构研究》，世界图书出版公司北京公司，2009a。

陈忠：《"着"与"正"、"在"的替换条件及其理据》，《语言教学与研究》3，81-88，北京语言大学，2009b。

戴耀晶:《现代汉语时体系统研究》,浙江教育出版社,1997。

邓思颖:《粤语语法讲义》,商务印书馆(香港)有限公司,2015。

方光焘:《汉语形态问题》,《语法论稿》,44-53,江苏教育出版社,1990。

房玉清:《实用汉语语法》,北京语言学院出版社,1992。

冯雪冬:《时间副词"在"语法化历程考察》,《宜宾学院学报》1,109-110,2009。

高名凯:《汉语语法论》,商务印书馆,1948。

龚千炎:《汉语的时相时制时态》,商务印书馆,1995。

郭锐:《汉语动词的过程结构》,《中国语文》6,410-419,中国社会科学院,1993。

郭锐:《过程与非过程——汉语谓词性成分的两种外在时间类型》《中国语文》3,162-175,中国社会科学院,1997。

郭锐:《汉语谓词性成分的时间参照及其句法后果》,《世界汉语教学》4,435-449,世界汉语教学学会,2015。

郭志良:《时间副词"正"、"正在"和"在"的分布情况》,《世界汉语教学》2,94-103,世界汉语教学学会,1992。

胡明扬(编):《汉语方言体貌论文集》,江苏教育出版社,1996。

胡壮麟:《语法化研究的若干问题》,《现代外语》1,85-92,广东外语外贸大学,2003。

靳光瑾、肖航、富丽、章云帆:《现代汉语语料库建设及深加工》,《语言文字应用》2,111-120,教育部语言文字应用研究所,2005。

金立鑫、于秀金:《关于时体类型的思考》,《中国语文法研究》4,1-18,中国語文法研究会,2015。

竟成(编):《汉语时体系统国际研讨会论文集》,百家出版社,2004。

鞠志勤:《语法化视角下"着"和"在"的差异性分析》,《语言教学与研究》4：75–83，2016。

鞠志勤：语法化视角下"着"和"在"的差异性分析，《语言教学与研究》4：75–83，2016。

片冈新：《粤语体貌词尾"紧"的演变和发展》，博士学位论文，香港中文大学，2010。

片冈新：《从早期和现代语料看粤语进行体标记"紧"在复句中的功能》，《中国语文通讯》1，133–141，香港中文大学，2018。

木村英樹：《关于补语性词尾"着 /Zhe/"和"了 /le/"》，《语文研究》2，22–30，山西省社会科学院，1983。

黎锦熙：《新著国语文法》，商务印书馆，1924。

李如龙：《汉语方言学（第二版）》，高等教育出版社，2007。

李爽、王增贤、喻忱、宗阳：《在线学习行为投入分析框架与测量指标研究——基于 LMS 数据的学习分析》，《开放教育研究》2，77–88，2016。

李宇明：《动词重叠的若干句法问题》，《中国语文》2，83–92，中国社会科学院，1998。

李宇明：《论"反复"》，《中国语文》3，210–216+286+287，中国社会科学院，2002。

梁银峰（译）：《语法化学说》，复旦大学出版社，2008。［原著：P. J. Hopper & E.C. Traugott, *Grammaticalization* (Cambridge: Cambridge University Press, 1993).］

刘鸿勇、张庆文、顾阳：《反复体的语义特征及其形态句法表现》，《外语教学与研究：外国语文双月刊》1，24–35+159，北京外国语大学，2013。

刘勋宁：《现代汉语词尾"了"的语法意义》，《中国语文》5，321–330，中国社会科学院，1988。

刘永权、张铁道：《远程国际汉语教育课程规划与教学机制初探》，《中国远程教育》，52-57，国家开放大学，2013。

刘月华：《动态助词"过2""过1""了1"用法比较》，《汉语语法论集》，301-321，现代出版社，1989。

刘月华、潘文娱、故韡：《实用现代汉语语法（增订本）》，商务印书馆，2001。

陆俭明：《现代汉语句法论》，商务印书馆，1993。

陆俭明：《汉语教学中汉语语法的呈现与教法》，《国际汉语教育（中英文）》2，62-71，外语教学与研究出版社，2018。

吕叔湘：《中国文法要略》，商务印书馆，1942。

吕叔湘（编）：《现代汉语八百词（增订本）》，商务印书馆，1999。

梅祖麟：《梅祖麟语言学论文集》，商务印书馆，2000。

彭文辉、杨宗凯、黄克斌：《网络学习行为分析及其模型研究》，《中国电化教育》10，31-35，2006。

彭小川：《广州话助词研究》，暨南大学出版社，2010。

钱乃荣：《现代汉语的反复体》，《语言教学与研究》4,1-9，北京语言大学，2000。

乔砚农：《广州话口语词的研究》，华侨语文出版社，1966。

石毓智：《论现代汉语的"体"范畴》，《中国社会科学》6，183-201，1992。

沈家煊：《"语法化"研究综观》，《外语教学与研究》4，17-24+80，北京外国语大学，1994。

沈家煊：《语法六讲》，商务印书馆，2011。

孙佳音：《日语中的"反复"与"惯常"》，《华西语文学刊》2，85-97+335，西南交通大学，2013。

肖航：现代汉语通用平衡语料库建设与应用》，《华文世界（台湾）》106，24-29，2010。

肖航：《语料库词义标注研究》，云南教育出版社，2016。

邢福义：《语法问题探讨集》，湖北教育出版社，1986。

邢福义：《邢福义自选集》，河南教育出版社，1993。

邢福义：《语法问题思索集》，北京语言学院出版社，1995。

邢福义：《汉语语法学》，东北师范大学出版社，1997。

熊仲儒：《再论"来着"》，《汉语学习》03，12-16，延边大学，2009。

熊仲儒：《动词重叠的句法分析》，《世界汉语教学》2，156-169，北京语言大学，2016。

于理想：《浅析时间副词"在"的语法化》，《现代语文（语言研究版）》，56-60，曲阜师范大学，2014。

王力：《中国现代语法》，商务印书馆，1943。

王力：《中国语法理论》，商务印书馆，1944。

吴婷：《试谈汉日进行体差异及其对教学的影响》，河内国家大学下属外国语大学中国语言文化系（编）《汉字文化圈汉语教学与研究》，372-380，河内国家大学出版社，2018。

吴婷、靳卫卫：《语法化视角下的日汉存在型时体标记之研究》，《中国语文法研究》10，50-73，朋友书店，2021。

詹伯慧：《广东粤方言概要》，暨南大学出版社，2002。

詹伯慧：《詹伯慧自选集》，中山大学出版社，2015。

张洪年：《香港粤语语法的研究（增订版）》，香港中文大学出版社，2007。

张亚军：《时间副词"正""正在""在"及其虚化过程考察》，《上海师范大学学报（哲学社会科学版）》1：46-55，2002。

赵元任：《北京、苏州、常州语助词的研究》，《清华学报》2，865-917，

1926。

赵元任:《汉语口语语法》，商务印书馆，1979。

赵元任:《国语语法——中国话的文法》，学海出版社，1981。

郑定欧（编）:《广州话研究与教学》，中山大学出版社，1993。

中国社会科学院、澳大利亚人文科学院:《东南地区汉语方言 二》，《中国语言地图集》B8，香港朗文（远东）有限公司，1987。

朱德熙:《语法讲义》，商务印书馆，1982。

英语参考文献

Robert I. Binnick, *Time and Verbs: A Guide to Tense and Aspect* (Oxford : Oxford University Press, 1991).

Bernard Comrie, *Aspect* (Cambridge: Cambridge University Press, 1976).

Bernard Comrie, *Tense* (Cambridge: Cambridge University Press, 1985).

P. J. Hopper, "On some principles of grammaticization," *Approaches to Grammaticalization* Vol.I, ed.by E.C. Traugott & H. Bernd, (Amsterdam/ Philadelphia: John Benjamins, 1991): 17−35.

P. J. Hopper & E.C. Traugott, *Grammaticalization* (Cambridge: Cambridge University Press, 1993).

John Lyons, *Semantics* (Cambridge: Cambridge University Press, 1977).

Carlota S.Smith, *The Parameter of Aspect* (Norwell: Kluwer Academic Publishers, 1991).

James Tai, "Verbs and Times in Chinese: Vendler's Four Categories," *Papers from the Parasession on Lexical Semantics,* ed. by David Testen, Veena Mishra and Joseph Drogo (Chicago: Chicago Linguistic Society,1984): 289−296.

Freeman William Twaddell, *The English Verb Auxiliaries(2nd edition)* (Providence: Brown University Press, 1963).

McKinney & James D. Mason & Jeanne Perkerson & Kathi Clifford & Miriam, "Relationship between classroom behavior and academic achievement", *Journal of Educational Psychology*, 67(2) (1975): 198-203.

Zeno Vendler, "Verbs and Times," *The Philosophical Review* 66 (Durham: Duke University Press, 1957): 143-160.

Zeno Vendler, *Linguistics in Philosophy* (Ithaca, NY: Cornell University Press, 1967).

语料来源

语料库

古代汉语语料库，教育部语言文字应用研究所计算语言学研究室研发，收录了自周朝至清朝各朝代的文本语料（含四库全书中的大部分古籍资料）约 7000 万字。

网络链接：http://corpus.zhonghuayuwen.org/ACindex.aspx。

汉日对译语料库（中日対訳コーパス），北京外国语大学北京日本学研究中心研发，本书使用的版本，收录了中国文学作品 23 部及其日语译文、日本文学作品 22 部及其汉语译文，中国其他类型作品（政治评论、法律条文、诗歌集等）8 部及其日语译文、日本其他类型作品 8 部及其汉语译文，中日文共同作品 1 部。收录语料字数约 1596 万字。

香港二十世纪中期粤语语料库（*Cantonese Corpus: A Linguistic Corpus of Mid-20th Century Hong Kong Cantonese*），香港教育大学语言学及现代语言系研发，收录 20 世纪中期粤语电影 21 部。

网络链接：https://corpus.eduhk.hk/hkcc/。

早期粤语标注语料库（Early Cantonese Tagged Database），香港科技大学研

发，收录 19 世纪西洋学者使用早期粤语进行编著的词典、教科书、宗
教（天主教）书籍译本共 10 部，语料共约 16 万字。

网络链接：http://database.shss.ust.hk/Cantag/。

早期粤语口语文献资料库（Early Cantonese Colloquial Texts: A Database），香
港科技大学、香港中文大学、北京大学研发，收录 19 世纪西洋学者为粤
语教学而编写的口语词典、教科书共 7 部。

网络链接：http://database.shss.ust.hk/Candbase/。

历史资料

佐竹昭広·山田英雄·工藤力男·大谷雅夫·山崎福之（校注）：『原文万葉
集（上）』，岩波文庫，2015。

佐竹昭広·山田英雄·工藤力男·大谷雅夫·山崎福之（校注）：『原文万葉
集（下）』，岩波文庫，2016。

曹雪芹（清），伊藤漱平訳，『紅楼夢』，平凡社，1997。

上野理（責任編集）：『古今集』，勉誠社，1993。

曹锦炎、沈建华（编）：《甲骨文校释总集》，上海辞书出版社，2006。

（汉）《尔雅》复刻本：《尔雅 附音序、笔画索引》，中华书局，2016。

胡厚宣（编）：《甲骨文合集释文》，中国社会科学出版社，1999。

司马光（宋）《类篇》复刻本：《类篇》，中华书局，1984。

许慎（东汉）《说文解字》复刻本：《说文解字附音序、笔画检字》，中华
书局，2013。

徐中舒（编）：《甲骨文字典》，四川出版集团、四川辞书出版社，2006。

杨烈（译）：《古今和歌集》，复旦大学出版社，1983。

杨烈（译）：《万叶集（上、下）》，湖南人民出版社，1984。

词 典

松村明（編）:『大辞林（第三版）』，三省堂，2006。

新村出（編）:『広辞苑（第六版）』，岩波書店，2008。

中国社会科学院语言研究所词典编辑室编《现代汉语词典（第 7 版）》，商
　务印书馆，2016。

Pearson Longman, *Longman Dictionary of Contemporary English (New Edition for
　advanced learners)* , (Harlow: Pearson Education Limited, 2009).

网络资料

"aspectus"：https://en.wiktionary.org/wiki/aspectus（20190701）

百度网：https://baidu.com/（20180324）

百度资讯网：https://news.baidu.com/（20180324）

香港文汇网：http://www.wenweipo.com/（20180324）

谷歌网：ttps://www.google.com/（20180324）

New American Standard Bible:

https://www.sermoncentral.com/bible/new-american-standard-bible-nasb/
　(20200330)

オンライン中国語スクール比較サイト：https://01chinese.com/（20200321）

史記抄 19 巻：京都大学貴重資料デジタルアーカイブ https://rmda.kulib.
　kyoto-u.ac.jp/item/rb00008022（20200330）

YAHOO! 网：https://yahoo.co.jp/（20180324）

YAHOO! ニュース网：https://news.yahoo.co.jp/（20180324）

"在"的字形变迁：http://www.guoxuedashi.com/zixing/yanbian/2427tx/
（20200306）

"着"的字形变迁：http://www.guoxuedashi.com/zixing/yanbian/6430zu/
（20200306）

"正"的字形变迁：http://www.guoxuedashi.com/zixing/yanbian/5011iy/
（20200306）

图片资料

栗山昌子・市丸恭子：『初級日本語ドリルとしてのゲーム教材 50』，アルク，
1992。

影像资料（按照电影公映年份排序）

『大人の見る繪本　生れてはみたけれど』，小津安二郎監督，松竹キネマ製
作・配給，1932。

『安城家の舞踏会』，吉村公三郎監督，松竹製作・配給，1947。

『素晴らしき日曜日』，黒澤明監督，東宝製作・配給，1947。

『夜の女たち』，溝口健二監督，松竹製作・配給，1948。

『お嬢さん乾杯』，木下恵介監督，松竹製作・配給，1949。

『野良犬』，黒澤明監督，新東宝・映画芸術協会製作，東宝配給，1949。

『晩春』，小津安二郎監督，松竹製作・配給，1949。

『カルメン故郷に帰る』，木下恵介監督，松竹製作・配給，1951。

『カルメン純情す』，木下恵介監督，松竹製作・配給，1952。

『お茶漬の味』，小津安二郎監督，松竹製作・配給，1952。

『日本の悲劇』，木下恵介監督，松竹製作・配給，1953。

『山の音』，成瀬巳喜男監督，東宝配給，1954。

『遠い雲』，木下恵介監督，松竹製作，1955。

『喜びも悲しみも幾歳月』，木下恵介監督，松竹製作，1957。

『秋日和』，小津安二郎監督，松竹製作・配給，1960。

『秋刀魚の味』，小津安二郎監督，松竹製作・配給，1962。

『乱れ雲』，成瀬巳喜男監督，東宝製作・配給，1967。

『どですかでん』，黒澤明監督，四騎の会・東宝製作，東宝配給，1970。

『ある映画監督の生涯 溝口健二の記録』，新藤兼人監督，近代映画協会製
　　作，ATG 配給，1975。

『駅 STATION』，降旗康男監督，東宝製作・配給，1981。

『海峡』，森谷司郎監督，東宝製作・配給，1982。

『ブラックボード』，新藤兼人監督，地域文化推進の会・電通製作，近代映
　　画協会配給，1986。

『落葉樹』，新藤兼人監督，丸井工文社製作，近代映画協会配給，1986。

『八月の狂詩曲』，黒澤明監督，黒澤プロダクション・フィーチャーフィルム
　　エンタープライズ製作，松竹配給，1991。

『静かな生活』，伊丹十三監督，東宝配給，1995。

『スーパーの女』，伊丹十三監督，伊丹プロダクション製作，東宝配給，
　　1996。

『十五才 学校 IV』，山田洋次監督，松竹・日本テレビ放送網・住友商
　　事・角川書店・博報堂製作，松竹配給，2000。

『仄暗い水の底から』，中田秀夫監督，東宝配給，2002。

『母べえ』，山田洋次監督，「母べえ」製作委員会製作，松竹配給，2008。

『わが母の記』，原田眞人監督，「わが母の記」製作委員会製作，松竹配

給，2012。

『ルパン三世』，北村龍平監督，「ルパン三世」製作委員会製作，東宝配
給，2014。

『残穢　―住んではいけない部屋―』，中村義洋監督，2016「残穢―住んで
はいけない部屋―」製作委員会製作，松竹配給，2016。

图书在版编目(CIP)数据

日汉存在型时体问题对比研究：以"シテイル"为
研究基盘 / 吴婷著. -- 北京：社会科学文献出版社，
2022.8

ISBN 978-7-5228-0008-0

Ⅰ.①日… Ⅱ.①吴… Ⅲ.①日语－对比研究－汉语
Ⅳ.①H36②H1

中国版本图书馆CIP数据核字（2022）第062788号

日汉存在型时体问题对比研究
——以"シテイル"为研究基盘

著　　者 /	吴　婷	

出 版 人 / 王利民
组稿编辑 / 王玉霞
责任编辑 / 李　淼
责任印制 / 王京美

出　　版 / 社会科学文献出版社·城市和绿色发展分社（010）59367143
　　　　　　地址：北京市北三环中路甲29号院华龙大厦　邮编：100029
　　　　　　网址：www.ssap.com.cn
发　　行 / 社会科学文献出版社（010）59367028
印　　装 / 三河市龙林印务有限公司

规　　格 / 开　本：787mm×1092mm 1/16
　　　　　　印　张：17　字　数：226千字
版　　次 / 2022年8月第1版　2022年8月第1次印刷
书　　号 / ISBN 978-7-5228-0008-0
定　　价 / 98.00元

读者服务电话：4008918866